傅雷家信

傅雷 著

开明出版社

图书在版编目（CIP）数据

傅雷家信 / 傅雷著. —北京：开明出版社，

2022.3

ISBN 978-7-5131-7290-5

Ⅰ.①傅… Ⅱ.①傅… Ⅲ.①傅雷（1908-1966）—
书信集 Ⅳ.①K825.6

中国版本图书馆CIP数据核字（2021）第279835号

责任编辑：卓玥　张慧明

书　名：傅雷家信
出版人：陈滨滨
著　者：傅　雷
出　版：开明出版社（北京市海淀区西三环北路25号青政大厦6层）
印　刷：天津市新科印刷有限公司
开　本：880mm×1230mm　1/32
印　张：9.5
字　数：187千字
版　次：2022年3月 第一版
印　次：2022年3月 第一次印刷
定　价：39.00元

印刷、装订质量问题，出版社负责调换。联系电话：（010）88817647

傅聪的成长（代序）

本刊编者要我谈谈傅聪的成长，认为他的学习经过可能对一般青年有所启发。当然，我的教育方法是有缺点的；今日的傅聪，从整个发展来看也跟完美二字差得很远。但优点也好，缺点也好，都可供人借镜。现在先谈谈我对教育的几个基本观念：

第一，把人格教育看作主要，把知识与技术的传授看作次要。童年时代与少年时代的教育重点，应当在伦理与道德方面，不能允许任何一桩生活琐事违反理性和最广义的做人之道；一切都以明辨是非、坚持真理、拥护正义、爱憎分明、守公德、守纪律、诚实不欺、质朴无华、勤劳耐苦为原则。

第二，把艺术教育只当作全面教育的一部分。让孩子学艺术，并不一定要他成为艺术家。尽管傅聪很早学钢琴，我却始终准备他更弦易辙，按照发展情况而随时改行的。

第三，即以音乐教育而论，也决不能仅仅培养音乐一门，正如学画的不能单注意绘画，学雕塑、学戏剧的，不能只注意雕塑与戏剧一样，需要以全面的文学艺术修养为基础。

以上几项原则可用具体事例来说明。

傅聪三岁至四岁之间，站在小凳上，头刚好伸到和我的书桌一样高的时候，就爱听古典音乐。只要收音机或唱机上放送西洋乐曲，不论是声乐是器乐，也不论是哪一乐派的作品，他都安安静静地听着，时间久了也不会吵闹或是打瞌睡。我看了心里想："不管他将来学哪一科，能有一个艺术园地耕种，他一辈子受用不尽。"我是存了这种心，才在他七岁半，进小学四年级的秋天，让他开始学钢琴的。

过了一年多，由于孩子学习进度快速，不能不减轻他的负担，我便把他从小学撤回。这并非说我那时已决定他专学音乐，只是认为小学的课程和钢琴学习可能在家里结合得更好。傅聪到十四岁为止，花在文史和别的学科上的时间，比花在琴上的为多。英文、数学的代数、几何等等，另外请了教师。本国语文的教学主要由我自己掌握：从孔、孟、先秦诸子、《国策》、《左传》、《晏子春秋》、《史记》、《汉书》、《世说新语》等等上选材料，以富有伦理观念与哲学气息、兼有趣味性的故事、寓言、史实为主，以古典诗歌与纯文艺的散文为辅。用意是要把语文知识、道德观念和文艺熏陶结合在一起。我还记得着重向他指出，"民可使由之，不可使知之"的专制政府的荒谬，也强调"左右皆曰不可，勿听；诸大夫皆曰不可，勿听；国人皆曰不可，然后察之"一类的民主思想，"富贵不能淫，贫贱不能移，威武不能屈"那种有关操守的教训，以及"吾日三省吾身""人而无信，不知其可也""三人行，必有吾师"等等的生活作风。教学方法是从来不直接讲解，是叫孩子事前准备，自己先讲；不了解的文义，只用旁敲侧击的言语指引他，让他自己找出正确的答案来；误解的地方也不直接改正，而是向他发许多问题，使他自动发觉他的矛盾。目的是培养孩子的思考能力与基本逻辑。不过这方法也是有条件的，在悟性较差，智力发达较迟的孩子身上就行不通。

九岁半，傅聪跟了前上海交响乐队的创办人兼指挥，意大利钢琴家梅百器先生，他是十九世纪大钢琴家李斯特的再传弟子。傅聪在国内所受的唯一严格的钢琴训练，就是在梅百器先生门下的三年。

一九四六年八月，梅百器故世。傅聪换了几个教师，没有遇到合适的；教师们也觉得他是个问题儿童。同时也很不用功，而喜爱音乐的热情并未稍减。从他开始学琴起，每次因为他练琴不努力而我锁上琴，叫他不必再学的时候，每次他都对着琴哭得很伤心。一九四八年，他正课不交卷，私下却乱弹高深的作品，以致杨嘉仁先生也觉得无法教下去了；我便要他改受正规教育，让他以同等学力考入高中（大同）附中。我一向有个成见，认为一个不上不下的空头艺术家最要不得，还不如安分守己学一门实科，对社会多少还能有贡献。不久我们全家去昆明，孩子进了昆明的粤秀中学。一九五〇年秋，他又自作主张，以同等学力考入云南大学外文系一年级。这期间，他的钢琴学习完全停顿，只偶尔为当地的合唱队担任伴奏。

可是他学音乐的念头并没放弃，昆明的青年朋友们也觉得他长此蹉跎太可惜，劝他回家。一九五一年初夏他便离开云大，只身回上海（我们是四九年先回的），跟苏联籍的女钢琴家勃隆斯丹夫人学了一年。那时（傅聪十七岁）我才肯定傅聪可以专攻音乐；因为他能刻苦用功，在琴上每天工作七八小时，就是酷暑天气，衣裤尽湿，也不稍休；而他对音乐的理解也显出有独到之处。除了琴，那个时期他还另跟老师念英国文学，自己阅读不少政治理论的书籍。五二年夏，勃隆斯丹夫人去加拿大。从此到五四年八月，傅聪又没有钢琴老师了。

五三年夏天，政府给了他一个难得的机会：经过选拔，派他到罗马尼亚去参加"第四届国际青年与学生和平友好联欢节"的钢琴比赛；接着又随我们的艺术代表团去民主德国与波兰作访问演出。他表演的肖邦受到波兰专家们的重视；波兰政府向我们政府正式提出，邀请傅聪参加一九五五年二月至三月举行的"第五届肖邦国际钢琴比赛"。五四年八月，傅聪由政府正式派往波兰，由波兰的老教授杰维茨基亲自指导，准备比赛节目。比赛终了，政府为了进一步培养他，让他继续留在波兰学习。

在艺术成长的重要关头，遇到全国解放，政府重视文艺，大力培养人才的伟大时代，不能不说是傅聪莫大的幸运；波兰政府与音乐界热情的帮助，更是促成傅聪走上艺术大道的重要因素。但像他过去那样不规则的、时断时续的学习经过，在国外音乐青年中是少有的。肖邦比赛大会的总节目上，印有来自世界各国的七十四名选手的音乐资历，其中就以傅聪的资历最贫弱，竟是独一无二的贫弱。这也不足为奇，西洋音乐传入中国为时不过半世纪，师资的缺乏是我们的音乐学生普遍的苦闷。

在这种客观条件之下，傅聪经过不少挫折而还能有些少成绩，在初次去波兰时得到国外音乐界的赞许，据我分析，是由于下列几点：（一）他对音乐的热爱和对艺术的严肃态度，不但始终如一，还随着年龄而俱长，从而加强了他的学习意志，不断地对自己提出严格的要求。无论到哪儿，他一看到琴就坐下来，一听到音乐就把什么都忘了。（二）一九五一、五二两年正是他的艺术心灵开始成熟的时期，而正好他又下了很大的苦功：睡在床上往往还在推敲乐曲的章节句读，斟酌表达的方式，或是背乐谱，有时竟会废寝忘食。手指弹痛了，指尖上包着橡皮膏再弹。五四年冬，波兰女钢琴家斯曼齐安卡到上海，告诉我傅聪常常十个手指都包了橡皮膏登台。（三）自幼培养的独立思考与注重逻辑的习惯，终于起了作用，使他后来虽无良师指导，也能够很有自信的单独摸索，而居然不曾误入歧途——这一点直到他在罗马尼亚比赛有了成绩，我才得到证实，放了心。（四）他在十二三岁以前所接触和欣赏的音乐，已不限于钢琴乐曲，而是包括多种不同的体裁不同的风格，所以他的音乐视野比较宽广。（五）他不用大人怎样鼓励，从小就喜欢诗歌、小说、戏剧、绘画，对一切美的事物美的风景都有强烈的感受，使他对音乐能从整个艺术的意境，而不限于音乐的意境去体会，补偿了我们音乐传统的不足。不用说，他感情的成熟比一般青年早得多；我素来主张艺术家的理智必须与感情平衡，对傅聪尤其注意这一点，所以在他十四岁以前只给他念田园诗、叙事诗与不太伤感的抒情诗；但他私下偷看了我的藏书，不到十五岁已经醉心于浪漫底克的文艺，把南唐后主的词偷偷地背给他弟弟听了。（六）我来往的朋友包括多种职业，医生、律师、工程师、科学家、音乐家、画家、作家、记者都有，谈的题目非常广泛；偏偏孩子从七八岁起专爱躲在客厅门后窃听大人谈话，挥之不去，去而复来，无形中表现出他多方面的好奇心，而平日的所见所闻也加强了和扩大了他的好奇心。家庭中的艺术气氛，关切社会上大小问题的习惯，孩子在长年累月的浸淫之下，在成长的过程中不能说没有影响。

我们解放前对蒋介石政权的愤恨，朋友们热烈的政治讨论，孩子也不知不觉的感染了。十四岁那年，他因为顽劣生事而与我大起冲突的时候，居然想私自到苏北去参加革命。

远在一九五二年，傅聪演奏俄国斯克里亚宾的作品，深受他的老师勃隆斯丹夫人的称赏，她觉得要了解这样一位纯粹斯拉夫灵魂的作家，不是老师所能教授，而要靠学者自己心领神会的。五三年他在罗马尼亚演奏斯克里亚宾作品，苏联的青年钢琴选手们都为之感动得下泪。未参加肖邦比赛以前，他弹的肖邦已被波兰的教授们认为"富有肖邦的灵魂"，甚至说他是"一个中国籍贯的波兰人"。比赛期间，评判员中巴西的女钢琴家，七十高龄的塔里番洛夫人对傅聪说："富有很大的才具，真正的音乐才具。除了非常敏感以外，你还有热烈的、慷慨激昂的气质，悲壮的感情，异乎寻常的精致，微妙的色觉，还有最难得的一点，就是少有的细腻与高雅的意境，特别像在你的《玛祖卡》中表现的。我历任第二、三、四届的评判员，从未听见这样天才式的《玛祖卡》。这是有历史意义的：一个中国人创造了真正《玛祖卡》的表达风格。"英国的评判员路易士·坎特讷对他自己的学生们说："傅聪的《玛祖卡》真是奇妙，在我简直是一个梦，不能相信真有其事。我无法想象那么多的层次，那么典雅，又有那么多的节奏，典型的波兰玛祖卡节奏。"意大利评判员、钢琴家阿高斯蒂教授对傅聪说："只有古老的文明才能给你那么多难得的天赋，肖邦的意境很像中国艺术的意境。"

这位意大利教授的评语，无意中解答了大家心中的一个谜。因为傅聪在肖邦比赛前后，在国外引起了一个普遍的问题：一个中国青年怎么能理解西洋音乐如此深切，尤其是在音乐家中风格极难掌握的肖邦？我和意大利教授一样，认为傅聪这方面的成就大半得力于他对中国古典文化的认识与体会。只有真正了解自己民族的优秀传统精神，具备自己的民族灵魂，才能彻底了解别的民族的优秀传统，渗透他们的灵魂。五六年三月间南斯拉夫的报刊《政治》以"钢琴诗人"为题，评论傅聪在南国京城演奏莫扎特和肖邦两支钢琴协奏曲时，也说："很久以来，我们没有听到变化这样多的触键，使钢琴能显出最微妙的层次的音质。在傅聪的思想与实践中间，在他对于音乐的深刻的理解中间，有一股灵感，达到了纯粹的诗的境界。傅聪的演奏艺术，是从中国艺术传统的高度明确性脱胎出来的。他在琴上表达的诗意，不就是中国古诗的特殊面目之一吗？他镂刻细节的手腕，不是使我们想起中国册页上的画吗？"的确，中国艺术最大的特色，从诗歌到绘画到戏剧，都讲究乐而不淫、哀而不怨、雍容有度，讲究典雅，自然；反对装腔作势和过火的恶趣，反对无目的的炫耀技巧。而这些也是世界一切高级艺术共同的准则。

　　但是正如我在傅聪十七岁以前不敢肯定他能专攻音乐一样，现在我也不敢说他将来究竟有多大发展。一个艺术家的路程能走得多远，除了苦修苦练以外，还得看他的天赋；这潜在力的多、少、大、小，谁也无法预言，只有在他不断发掘的过程中慢慢地看出来。傅聪的艺术生涯才不过开端，他知道自己在无穷无尽的艺术天地中只跨了第一步，很小的第一步；不但目前他对他的演奏难得有满意的时候，将来也远远不会对自己完全满意，这是他亲口说的。

　　我在本文开始时已经说过，我的教育不是没有缺点的，尤其所用的方式过于严厉，过于偏急；因为我强调工作纪律与生活纪律，傅聪的童年时代与少年时代，远不如一般青少年的轻松快乐，无忧无虑。虽然如此，傅聪目前的生活方式仍不免散漫。他的这点缺陷，当然还有不少别的，都证明我的教育并没完全成功。可是有一个基本原则，我始终觉得并不错误，就是：做人第一，其次才是做艺术家，再其次才是做音乐家，最后才是做钢琴家（我说"做人"是广义的：私德、公德，都包括在内；主要对集体负责，对国家、对人民负责）。或许这个原则对旁的学科的青年也能适用。

目录

赤子孤独了，会创造一个世界

一九五四年

跟着你痛苦的童年一起过去的，是我不懂做爸爸的艺术的壮年。孩子，我要怎样拥抱你才能表示我的悔恨与热爱呢！

——一九五四年一月

一月十八日晚

车一开动，大家都变了泪人儿，呆呆的直立在月台上，等到冗长的列车全部出了站方始回身。①出站时沈伯伯②再三劝慰我。但回家的三轮车上，个个人都止不住流泪。敏一直抽抽噎噎。昨天一夜我们都没睡好，时时刻刻惊醒。今天睡午觉，刚刚蒙眬阖眼，又是心惊肉跳的醒了。昨夜月台上的滋味，多少年来没尝到了，胸口抽痛，胃里难过，只有从前失恋的时候有过这经验。今儿一天好像大病之后，一点劲都没得。妈妈随时随地都想哭——眼睛已经肿得不像样了，干得发痛了，还是忍不住要哭。只说了句"一天到晚堆着笑脸"，她又呜咽不成声了。真的，孩子，你这一次真是"一天到晚堆着笑脸"，教人怎么舍得！老想到五三年正月的事③，我良心上的责备简直消释不了。孩子，我虐待了你，我永远对不起你，我永远补赎不了这种罪过！这些念头整整

---

① 1954 年，傅聪赴波兰留学，傅雷全家人至车站送行。

② 沈知白（1904—1968），中国音乐家，傅雷挚友，是傅聪青少年时期的乐理老师。

③ 其时，傅雷与傅聪因音乐见解不同争论不休，父子间产生激烈矛盾。

一天没离开过我的头脑，只是不敢向妈妈说。人生做错了一件事，良心就永久不得安宁！真的，巴尔扎克说得好：有些罪过只能补赎，不能洗刷！

一月十九日晚

　　昨夜一上床，又把你的童年温了一遍。可怜的孩子，怎么你的童年会跟我的那么相似呢？我也知道你从小受的挫折对于你今日的成就并非没有帮助；但我做爸爸的总是犯了很多很重大的错误。自问一生对朋友对社会没有做什么对不起的事，就是在家里，对你和你妈妈做了不少有亏良心的事①，这些都是近一年中常常想到的，不过这几天特别在脑海中盘旋不去，像噩梦一般。可怜过了四十五岁，父性才真正觉醒！

　　今儿一天精神仍未恢复。人生的关是过不完的，等到过得差不多的时候，又要离开世界了。分析这两天来精神的波动，大半是因为：我从来没爱你像现在这样爱得深切，而正在这爱的最深切的关头，偏偏来了离别！这一关对我，对你妈妈都是从未有过的考验。别忘了妈妈之于你不仅仅是一般的母爱，而尤其因为她为了你花的心血最多，为你受的委屈——当然是我的过失——最多而且最深最痛苦。园丁以血泪灌溉出来的花果迟早得送到人间去让别人享受，

——————————

① 傅雷对傅聪管教极为严苛，家人也常常因此受累。

可是在离别的关头怎么免得了割舍不得的情绪呢?

跟着你痛苦的童年一起过去的，是我不懂做爸爸的艺术的壮年。幸亏你得天独厚，任凭如何打击都摧毁不了你，因而减少了我一部分罪过。可是结果是一回事，当年的事实又是一回事：尽管我埋葬了自己的过去，却始终埋葬不了自己的错误。孩子，孩子，孩子，我要怎样的拥抱你才能表示我的悔恨与热爱呢!

一月三十日晚

你走后第二天，就想写信，怕你嫌烦，也就罢了。可是没一天不想着你，每天清早六七点就醒，翻来覆去睡不着，也说不出为什么。好像克利斯朵夫的母亲独自守在家里，想起孩子童年一幕幕的形象一样；我和你妈妈老是想着你二三岁到六七岁间的小故事——这一类的话我们不知有多少可以和你说，可是不敢说，你这个年纪是一切向前的，不愿意回顾的；我们啰里啰嗦的抖出你尿布时代与一把鼻涕一把眼泪时代的往事，会引起你的憎厌。孩子，这些我都很懂得，妈妈也懂得。只是你的一切终身会印在我们脑海中，随时随地会浮起来，像一幅幅的小品图画，使我们又快乐又惆怅。

真的，你这次在家一个半月，是我们一生最愉快的时期；这幸福不知应当向谁感谢，即使我没宗教信仰，至此也不由得要谢谢上帝了! 我高兴的是我又多了一个朋友；儿子变了朋友，世界上有什么事可以和这种幸福相比的！尽管将来你我之间离多别少，但我精神上至少是温暖的，不孤独的。我相信我一定会做到不太落伍，不太冬烘，不至于惹你厌烦。也希望你不要以为我在高峰的顶尖上所想的，所见到的，比你们的不真实。年纪大的人终是往更远的前途看，许多事你们一时觉得我看得不对，日子久了，现实却给你证明我并没大错。

孩子，我从你身上得到的教训，恐怕不比你从我得到的少。尤其是近三年来，你不知使我对人生多增了几许深刻的体验，我从与你相处的过程中学到了忍耐，学到了说话的技巧，学到了把感情升华！

你走后第二天，妈妈哭了，眼睛肿了两天：这叫作悲喜交集的眼泪。我们可以不用怕羞的这样告诉你，也可以不担心你憎厌而这样告诉你。人毕竟是感情的动物，偶然流露也不是可耻的事。何况母亲的眼泪永远是圣洁的，慈爱的！

二月二日除夕

勃隆斯丹夫人 ① 有信来，附给你。看过了，仍望寄回。昨晚七时一刻至八时五十分电台广播你在"市三"弹的四曲 Chopin［肖邦］，外加 encore［加奏］的一支 *Polonaise*［《波洛奈兹》］，

---

① 苏联籍钢琴家，傅聪 1951 年十七岁时曾跟随她学习钢琴一年。

效果甚好，就是低音部分模糊得很；琴声太扬，像我第一天晚上到小礼堂空屋子里去听的情形。以演奏而论，我觉得大体很好，一气呵成，精神饱满，细腻的地方非常细腻，tone colour［音色］变化的确很多。我们听了都很高兴，很感动。好孩子，我真该夸奖你几句才好。回想五一年四月刚从昆明回沪的时期，你真是从低洼中到了半山腰了。希望你从此注意整个的修养，将来一定能攀登峰顶。从你的录音中清清楚楚感觉到你一切都成熟多了，尤其是我盼望了多少年的——你的意志，终于抬头了。我真高兴，这一点我看得比什么都重。你能掌握整个的乐曲，就是对艺术加增深度，也就是你的艺术灵魂更坚强更广阔，也就是你整个的人格和心胸扩大了。孩子，我要重复 Bronstein［勃隆斯丹］信中的一句话，就是我为了你而感到骄傲！

今天是除夕了，想到你在远方用功，努力，我心里说不尽的欢喜。别了，孩子，我在心里拥抱你！

二月十日

屋内要些图片，只能拣几张印刷品。北京风沙大，没有玻璃框子，好一些的东西不能挂；黄宾虹的作品，小幅的也有，尽可给你；只是不装框不行。好在你此次留京时期并不长，马虎一下再说。Chopin［肖邦］肖像是我二十三岁时在巴黎买的，又是浪漫派大画家 Delacroix［德拉克洛瓦］名作的照相；Mozart［莫扎特]那幅是 Paci［百器］①的遗物，也是好镂版，都不忍让它们到北京光秃秃的吃灰土，故均不给你。

读俄文别太快，太快了记不牢，将来又要重头来过，犯不上。一开头必须从容不迫，位与格必须要记忆，像应付考试般临时强记是没用的。现在读俄文只好求一个大概，勿野心太大；主要仍须加功夫在乐理方面，外文总是到国外去念进步更快。目前贪多务得，实际也不会如何得益，切记切记！望主动向老师说明，至少过二三月方可加快速度。Scriabine［斯克里亚宾］的全集诗待装订后寄你，Cortot［柯尔托］的 *Piano Technic*［《钢琴技巧》］亦然。我当尽力催他们快快装好。

上海这两天忽然奇暖，东南风加沙土，很像昆明的春天。阿敏和恩德②一起跟我念诗，敏说你常常背"朝回日日典春衣，每日江头尽醉归"二句，现在他也背得了。我正在预备一样小小的礼物，将来给你带出国的，预料你一定很喜欢。再过一星期是你妈妈的生日，再过一个月是你生日，想到此不由得悲喜交集。

…………

这几日开始看服尔德③的作品，他的故事性不强，全靠文章

---

① 梅百器（Mario Paci），意大利钢琴家、指挥家，李斯特的再传弟子。前上海交响乐队创办人兼指挥。傅聪九岁半起，在他门下学琴三年。
② 牛恩德，傅聪在国内学琴时的琴友，傅聪出国后，常去探望傅雷夫妇，后被傅雷夫妇认作干女儿。
③ 现通译为伏尔泰。

内若有若无的讽喻。我看了真是栗栗危惧，觉得没能力表达出来。那种风格最好要必姨、钱伯母①那一套。我的文字太死板，太"实"，不够俏皮，不够轻灵。

三月十九日

上回刚想写信给你，不料病倒了。病好了不及两天，又发烧，前后八九天，至今还没恢复。今天初到阳台上一望，柳枝上一星星的已经有了绿意，想起"蕉草如碧丝，秦桑低绿枝"两句，不知北地春光是否已有消息？

我病的时候，恩德差不多每天来陪我。初期是热度高，昏沉的厉害；后来是眼睛昏花（到现在还没好），看校样每二三行就像一片云雾在眼前飘过，书也不能看，只能躺躺坐坐，整日呆着；幸亏恩德来给我说说笑笑，还拿我打趣，逗我上当，解了不少寂寞。

你近来忙得如何？乐理开始没有？希望你把练琴时间抽一部分出来研究理论。琴的问题一时急不来，而且技巧根本要改。乐理却是可以趁早赶一赶，无论如何要有个初步概念。否则到国外去，加上文字的困难，念乐理比较更慢了。此点务要注意。

川戏中的《秋江》，艄公是做得好，可惜戏本身没有把陈妙

---

① 必姨即杨必，中国著名翻译家；钱伯母指钱锺书夫人杨绛。

常急于追赶的心理同时并重。其余则以《五台会兄》中的杨五郎为最妙，有声有色，有感情，唱做俱好。因为川戏中的"生"这次角色都差，唱正派的尤其不行，既无嗓子，又乏训练；倒是反派角色的"生"好些。大抵川戏与中国一切的戏都相同，长处是做功特别细腻，短处是音乐太幼稚，且编剧也不够好；全靠艺人自己凭天才去咂摸出来，没有经作家仔细安排。而且 tempo〔节奏〕松弛，不必要的闲戏总嫌太多。

三月二十四日上午

在公共团体中，赶任务而妨碍正常学习是免不了的，这一点我早料到。一切只有你自己用坚定的意志和立场，向领导婉转而有力的去争取。否则出国的准备又能做到多少呢？特别是乐理方面，我一直放心不下。从今以后，处处都要靠你个人的毅力、信念与意志——实践的意志。我不再和你说教条式的话，去年那三封长信把我所想的话都说尽了；你也已经长大成人，用不着我一再叮嘱。但若你缺少勇气的时候，尽管来信告诉我，我可以替你打气。倘若你心绪不好，也老老实实和我谈谈，我可以安慰安慰你，代你解决一些或大或小的烦恼。关于××的事，你早已跟我表明态度，相信你一定会实际做到。你年事尚少，出国在即；眼光、嗜好、趣味，都还要经过许多变化；即使一切条件都极美满，也不能担保你最近三四年中，双方的观点不会改变，从而也没法保证双方的感情不变。最好能让时间来考验。我二十岁出国，出国前后和你妈妈已经订婚，但出国四年中间，对她的看法三番四次的改变，动摇得很厉害。这个实在的例子很可以作你的参考，使你做事可以比我谨慎，少些痛苦——尤其为了你的学习，你的艺术前途！

另外一点我可以告诉你：就是我一生任何时期，闹恋爱最热烈的时候，也没有忘却对学问的忠诚。学问第一，艺术第一，真理第一，爱情第二，这是我至此为止没有变过的原则。你的情形与我不同：少年得志，更要想到"盛名之下，其实难副"，更要战战兢兢，不负国人对你的期望。你对政府的感激，只有用行动来表现才算是真正的感激！我想你心目中的上帝一定也是 Bach〔巴赫〕、Beethoven〔贝多芬〕、Chopin〔肖邦〕等等第一，爱人第二。既然如此，你目前所能支配的精力与时间，只能贡献给你第一个偶像，还轮不到第二个神明。你说是不是？可惜你没有早学好写作的技术，否则过剩的感情就可用写作（乐曲）来发泄，一个艺术家必须能把自己的感情"升华"，才能于人有益。我绝不是看了来信，夸张你的苦闷，因而着急；但我知道你多少是有苦闷的，我随便和你谈谈，也许能帮助你廓清一些心情。

三月二十九日

感情问题能自己想通，我们听了都很安慰。你还该想到，目前你一切都已"如愿以偿",全中国学音乐的青年，没有一个人有你那么好的条件。你冬天回沪前所担心的事都迎刃而解，顺利出乎你的意料之外。你也该满足了。满足以后更当在别方面多多克制。人生没有一桩幸福是不要付代价的。东边占了便宜，西边就得吃亏些。何况如我前信所云，这也不是吃亏的事，而是"明哲"的举动。好孩子，安心用功吧，保重身体，医生非"常看"不可，吃药不能有一顿没一顿。再见了，孩子！

四月七日

记得我从十三岁到十五岁，念过三年法文；老师教的方法既有问题，我也念得很不用功，成绩很糟（十分之九已忘了）。从十六岁到二十岁在大同改念英文，也没念好，只是比法文成绩好一些。二十岁出国时，对法文的知识只会比你现在的俄文程度差。到了法国，半年之间，请私人教师与房东太太双管齐下补习法文，教师管读本与文法，房东太太管会话与发音，整天的改正，不用上课方式，而是随时在谈话中纠正。半年以后，我在法国的知识分子家庭中过生活，已经一切无问题。十个月以后开始能听几门不太难的功课。可见国外学语文，以随时随地应用的关系，比国内的进度不啻一与五六倍之比。这一点你在莫斯科遇到李德伦时也听他谈过。我特意跟你提，为的是要你别把俄文学习弄成"突击式"。一个半月之间念完文法，这是强记，决不能消化，而且过了一晌大半会忘了的。我认为目前主要是抓住俄文的要点，学得慢一些，但所学的必须牢记，这样才能基础扎实。贪多务得是没用的，反而影响钢琴业务，甚至使你身心困顿，一空下来即昏昏欲睡。这问题希望你自己细细想一想，想通了，就得下决心更改方法，与俄文老师细细商量。一切学问没有速成的，尤其是语言。倘若你目前停止上新课，把已学的从头温一遍，我敢断言，你会发觉有许多已经完全忘了。

你出国去所遭遇的最大困难，大概和我二十六年前的情形差不多，就是对所在国的语言程度太浅。过去我再三再四强调你在京赶学理论，便是为了这个缘故。倘若你对理论有了一个基本概念，那么日后在国外念的时候，不至于语言的困难加上乐理的困难，使你对乐理格外觉得难学。换句话说：理论上先略有门径之后，在国外念起来可以比较方便些。可是你自始至终没有和我提过在京学习理论的情形，连是否已开始亦未提过。我只知道你初到时因罗君患病而搁置，以后如何，虽经我屡次在信中问你，你也没复过一个字。——现在我再和你说一遍：我的意思最好把俄文学习的时间分出一部分，移作学习乐理之用。

提早出国，我很赞成。你以前觉得俄文程度太差，应多多准备后再走。其实像你这样学俄文，即使用最大的努力，再学一年也未必能说准备充分——除非你在北京不与中国人来往，而整天生活在俄国人堆里。……

恩德那里无论如何忙也得写封信去。自己责备自己而没有行动表现，我是最不赞成的。这是做人的基本作风，不仅对某人某事而已，我以前常和你说的，只有事实才能证明你的心意，只有行动才能表明你的心迹。待朋友不能如此马虎。生性并非"薄情"的人，在行动上做得跟"薄情"一样，是最冤枉，犯不着的。正如一个并不调皮的人要调皮而结果反吃亏，一个道理。

德伏夏克谱二册收到没有？尽管忙，写信时也得提一提"来信及谱二册均已收到"，不能光提"来信都收到"。

一切做人的道理，你心里无不明白，吃亏的是没有事实表现；希望你从今以后，一辈子记住这一点。大小事都要对人家有交代！

其次，你对时间的安排，学业的安排，轻重的看法，缓急的分别，还不能有清楚明确的认识与实践。这是我为你最操心的。因为你的生活将来要和我一样的忙，也许更忙。不能充分掌握时间与区别事情的缓急先后，你的一切都会打折扣。所以有关这些方面的问题，不但希望你多听听我的意见，更要自己多想想，想过以后立刻想办法实行，应改的应调整的都应当立刻改，立刻调整，不以任何理由耽搁。

四月二十一日

接十七日信，很高兴你又过了一关。人生的苦难，theme［主题］不过是这几个，其余只是 variations［变奏曲］而已。爱情的苦汁早尝，壮年中年时代可以比较冷静。古语说得好，塞翁失马，未始非福。你比一般青年经历人事都更早，所以成熟也早。这一回痛苦的经验，大概又使你灵智的长成进了一步。你对艺术的领会又可深入一步。我祝贺你有跟自己斗争的勇气。一个又一个的筋斗栽过去，只要爬得起来，一定会逐渐攀上高峰，超脱在小我之上。辛酸的眼泪是培养你心灵的酒浆。不经历尖锐的痛苦的人，不会有深厚博大的同情心。所以孩子，我很高兴你这种蜕变的过程，但愿你将来比我对人生有更深切的了解，对人类有更热烈的爱，对艺术有更诚挚的信心！孩子，我相信你一定不会辜负我的期望。

六月二十四日下午

终于你的信到了！联络局没早告诉你出国的时间，固然可惜，但你迟早要离开我们，大家感情上也迟早要受一番考验；送君千里终须一别，人生不是都要靠隐忍来撑过去吗？你初到的那天，我心里很想要你二十以后再走，但始终守法和未雨绸缪的脾气把我的念头压下去了，在此等待期间，你应当把所有留京的琴谱整理一个彻底，用英文写两份目录，一份寄家里来存查。这种工作也可以帮助你消磨时间，省却烦恼。孩子，你此去前程远大，这几天更应当仔仔细细把过去种种作一个总结，未来种种作一个安排；在心理上精神上多作准备，多多锻炼意志，预备忍受四五年中的寂寞和感情的波动。这才是你目前应做的事。孩子，别烦恼。我前信把心里的话和你说了，精神上如释重负。一个人发泄是要求心理健康，不是使自己越来越苦闷。多听听贝多芬的第五①，多念念克利斯朵夫里几段艰苦的事迹（第一册末了，第四册第九卷末了），可以增加你的勇气，使你更镇静。好孩子，安安静静的准备出国罢。一切零星小事都要想周到，别怕天热，贪懒，一切事情都要做得妥帖。行前必须把带去的衣服什物记在"小手册"上，把留京及寄沪的东西写一清账。想念我们的时候，看看照相簿。为什么写信如此简单呢？要是我，一定把到京时罗君来接及到团以后的情形描写一番，即使借此练练文字也是好的。

近来你很多地方像你妈妈，使我很高兴。但是办事认真一点，却望你像我。最要紧，不能怕烦！

七月四日晨

也许这是你出国以前接到的最后一信了，也许连这封信也来不及收到，思之怆然。要嘱咐你的话是说不完的，只怕你听得起腻了。可是关于感情问题，我还是要郑重告诫：无论如何要克制，以前途为重，以健康为重。在外好好利用时间，不但要利用

---

① 指贝多芬《第五"命运"交响曲》。

时间来工作，还要利用时间来休息、写信。别忘了杜甫那句诗："家书抵万金！"

孩子，别了，我们没一天不想念你，没一天不祝福你，在精神上拥抱你！

七月二十七日深夜—二十八日午夜

你车上的信写得很有趣，可见只要有实情、实事，不会写不好信。你说到李、杜的分别，的确如此。写实正如其他的宗派一样，有长处也有短处。短处就是雕琢太甚，缺少天然和灵动的韵致。但杜也有极浑成的诗，例如"风急天高猿啸哀，渚清沙白鸟飞回。无边落木萧萧下，不尽长江滚滚来……"那首胸襟意境都与李白相仿佛。还有《梦李白》《天末怀李白》几首，也是缠绵悱恻，至情至性，非常动人的。但比起苏、李的离别诗来，似乎还缺少一些浑厚古朴。这是时代使然，无法可想的。汉魏人的胸怀比较更近原始，味道浓，苍茫一片，千古之下，犹令人缅想不已。杜甫有许多田园诗，虽然受渊明影响，但比较之下，似乎也"隔"（王国维语）了一层。回过来说：写实可学，浪漫底克不可学；故杜可学，李不可学；国人谈诗的尊杜的多于尊李的，也是这个缘故。而且究竟像太白那样的天纵之才不多，共鸣的人也少。所谓曲高和寡也。同时，积雪的高峰也令人有"琼楼玉宇，高处不胜寒"之感，平常人也不敢随便瞻仰。

词人中苏、辛确是宋代两大家，也是我最喜欢的。苏的词颇有些咏田园的，那就比杜的田园诗洒脱自然了。此外，欧阳永叔的温厚蕴藉也极可喜，五代的冯延巳也极多佳句，但因人品关系，我不免对他有些成见。

你现在住哪里？食宿是否受招待？零用钱是怎样的？将来倘住定一处，讲定多少钱一个月包定伙食，那么有一点需要注意（也是我从前的经验），就是事先可以协商，倘隔天通知下一天少吃一顿或两顿（早餐当然不算），房东可以不准备饭菜，因此可少算一顿或两顿饭钱。预料你将来不时有人请吃饭，请吃饭也得送些小礼，便是半打花也行，那就得花钱；把平时包饭地方少算的饭钱移作此用，恰好 cover［弥补］。否则很容易闹亏空。尤其你现在的情形，无处在经济上讨救兵，故我特别要嘱咐你。

在外倘有任何精神苦闷，也切勿隐瞒，别怕受埋怨。一个人有个大二十几岁的人代出主意，决不会坏事。你务必信任我，也不要怕我说话太严，我平时对老朋友讲话也无顾忌，那是你素知的。并且有些心理波动或是郁闷，写了出来等于有了发泄，自己可痛快些，或许还可免做许多傻事。孩子，我真恨不得天天在你旁边，做个监护的好天使，随时勉励你，安慰你，劝告你，帮你铺平将来的路，准备将来的学业和人格。

七月二十七日深夜

上星期我替恩德讲《长恨歌》与《琵琶行》，觉得大有妙处。

白居易对音节与情绪的关系悟得很深。凡是转到伤感的地方，必定改用仄声韵。《琵琶行》中"大弦嘈嘈""小弦切切"一段，好比 staccato［断音］，像琵琶的声音极切；而"此时无声胜有声"的几句，等于一个长的 pause［休止］；"银瓶……水浆迸"两句，又是突然的 attack［明确起音］，声势雄壮。至于《长恨歌》，那气息的超脱，写情的不落凡俗，处处不脱帝皇的 nobleness［雍容气派］，更是千古奇笔。

看的时候可以有几种不同的方法：一是分出段落看叙事的起伏转折；二是看情绪的忽悲忽喜，忽而沉潜，忽而飘逸；三是体会全诗音节与韵的变化。再从总的方面看，把悲剧送到仙界上去，更显得那段罗曼史的奇丽清新，而仍富于人间味（如太真对道士说的一番话）。还有白居易写动作的手腕也是了不起："侍儿扶起娇无力""君王掩面救不得""九华帐里梦魂惊"几段，都是何等生动！"九重城阙烟尘生，千乘万骑西南行"，写帝王逃难自有帝王气概。"翠华摇摇行复止"，又是多鲜明的图画！最后还有一点妙处：全诗写得如此婉转细腻，却仍不失其雍容华贵，没有半点纤巧之病（细腻与纤巧大不同）！明明是悲剧，而写得不过分的哭哭啼啼，多么中庸有度，这是浪漫底克兼有古典美的绝妙典型。

二十八日午夜

八月十一日午前

你的生活我想象得出，好比一九二九年我在瑞士。但你更幸运，有良师益友为伴，有你的音乐做你崇拜的对象。我二十一岁在瑞士正患着青春期的、浪漫底克的忧郁病：悲观、厌世、彷徨、烦闷、无聊。我在《贝多芬传》译序中说的就是指那个时期。孩子，你比我成熟多了，所有青春期的苦闷，都提前几年，早在国内度过；所以你现在更能够定下心神，发愤为学；不至于像我当年蹉跎岁月，到如今后悔无及。

你的弹琴成绩，叫我们非常高兴。对自己父母，不用怕"自吹自捧"的嫌疑，只要同时分析一下弱点，把别人没说出而自己感觉到的短处也一起告诉我们。把人家的赞美报告我们，是你对我们最大的安慰；但同时必须深深的检讨自己的缺陷。这样，你写的信就不会显得过火；而且这种自我批判的功夫也好比一面镜子，对你有很大帮助。把自己的思想写下来（不管在信中或是用别的方式），比着光在脑中空想是大不同的。写下来需要正确精密的思想，所以写在纸上的自我检讨，格外深刻，对自己也印象深刻。你觉得我这段话对不对？

我对你这次来信还有一个很深的感想，便是你的感觉性极强、极快。这是你的特长，也是你的缺点。你去年一到波兰，弹Chopin［肖邦］的style［风格］立刻变了；回国后却保持不住；

这一回一到波兰又变了。这证明你的感受力极快。但是天下事有利必有弊，有长必有短，往往感受快的，不能沉浸得深，不能保持得久。去年时期短促，固然不足为定论。但你至少得承认，你的不容易"牢固执著"是事实。我现在特别提醒你，希望你时时警惕，对于你新感受的东西不要让它浮在感受的表面；而要仔细分析，究竟新感受的东西和你原来的观念、情绪、表达方式有何不同。这是需要冷静而强有力的智力，才能分析清楚的。希望你常常用这个步骤来"巩固"你很快得来的新东西（不管是技术是表达）。长此做去，不但你的演奏风格可以趋于稳定、成熟（当然所谓稳定不是刻板化、公式化）；而且你一般的智力也可大大提高，受到锻炼。孩子，记住这些！深深的记住！还要实地做去！这些话我相信只有我能告诉你。

还要补充几句：弹琴不能徒恃 sensation［感觉］，sensibility［感受］。那些心理作用太容易变。从这两方面得来的，必要经过理性的整理、归纳，才能深深的化入自己的心灵，成为你个性的一部分，人格的一部分。当然，你在波兰几年住下来，熏陶的结果，多少也（自然而然的）会把握住精华。但倘若你事前有了思想准备，特别在智力方面多下功夫，那么你将来的收获一定更大更丰富，基础也更稳固。再说得明白些：艺术家天生敏感，换一个地方，换一批群众，换一种精神气氛，不知不觉会改变自己的气质与表达方式。但主要的是你心灵中最优秀最特出的部分，从人家那儿学来的精华，都要紧紧抓住，深深的种在自己性格里，无论何时何地这一部分始终不变。这样你才能把独有的特点培养得厚实。

关于这个问题，我想你听了必有所感。不妨跟我多谈谈。

其次，我不得不再提醒你一句：尽量控制你的感情，把它移到艺术中去。你周围美好的天使太多了，我怕你又要把持不住。你别忘了，你自誓要做几年清教徒的，在男女之爱方面要过几年僧侣生活，禁欲生活的！这一点千万要提醒自己！时时刻刻提防自己！一切都要醒悟得早，收篷收得早；不要让自己的热情升高之后再去压制，那时痛苦更多，而且收效也少。亲爱的孩子，无论如何你要在这方面听从我的忠告！爸爸妈妈最不放心的不过是这些。

你上课以后，老师如何批评？那时他一定有更切实更具体的指摘，不会光是夸奖了。我们都急于要知道。你对 Chopin［肖邦］的了解，他们认为的长处短处，都望详细报告。technic［技巧］问题也是我最关心的。老师的意见怎样？是否需要从头来起？还是目前只改些小地方，待比赛以后再彻底修改？这些你也不妨请问老师。

罗忠镕和李凌都有回信来，你的行李因大水为灾，货车停开，故耽误了。你不必再去信向他们提。我认为你也应该写信给李凌，报告一些情形，当然口气要缓和。人家说你好的时候，你不妨先写上"承蒙他们谬许""承他们夸奖"一类的套语。李是团体的负责人，你每隔一个月或一个半月都应该写信；信末还应该附一笔，"请代向周团长致敬"。这是你的责任，切不能马虎。信不妨写得简略，但要多报告一些事实。切不可二三月不写信给李凌——你不能忘了团体对你的好意与帮助，要表示你不忘记，除了不时写信没有第二个办法。

你记住一句话：青年人最容易给人一个"忘恩负义"的印象。其实他是眼睛望着前面，饥渴一般的忙着吸收新东西，并不一定是"忘恩负义"；但懂得这心理的人很少；你千万不要让人误会。

八月十六日晚

我忙得很，只能和你谈几桩重要的事。

你素来有两个习惯：一是到别人家里，进了屋子，脱了大衣，却留着丝围巾；二是常常把手插在上衣口袋里，或是裤袋里。这两件都不合西洋的礼貌。围巾必须和大衣一同脱在衣帽间，不穿大衣时，也要除去围巾。手插在上衣袋里比插在裤袋里更无礼貌，切忌切忌！何况还要使衣服走样，你所来往的圈子特别是有教养的圈子，一举一动务须特别留意。对客气的人，或是师长，或是老年人，说话时手要垂直，人要立直。你这种规矩成了习惯，一辈子都有好处。

在饭桌上，两手不拿刀叉时，也要平放在桌面上，不能放在桌下，搁在自己腿上或膝盖上。你只要留心别的有教养的青年就可知道。刀叉尤其不要掉在盘下，叮叮当当的！

出台行礼或谢幕，面部表情要温和，切勿像过去那样太严肃。这与群众情绪大有关系，应及时注意。只要不急，心里放平静些，表情自然会和缓。

你的老师有多少年纪了？是哪个音乐学院的教授？过去经历如何？面貌怎样的？不妨告诉我们听听。别忘了爸爸有时也像你们一样，喜欢听故事呢。

总而言之，你要学习的不仅仅在音乐，还要在举动、态度、礼貌各方面吸收别人的长处。这些，我在留学的时代是极注意的；否则，我对你们也不会从小就管这管那，在各种 manners ［礼节，仪态］方面跟你们烦了。但望你不要嫌我烦琐，而要想到一切都是要使你更完满、更受人欢喜！

八月三十一日

八月十三日自波发的第三信已经于二十三日收到。我们十六日发的一信，想你亦可收到。这时期全家都特别忙，故半个月不能给你写信。

我译的服尔德到昨夜终算完成，寄到北京去。从初译以后，至寄出为止，已改过六道，仍嫌不够古雅，十八世纪风格传达不出。

妈妈忙着杂务，搬书房、书橱，打扫，理衣服，零碎事儿简直做不完。阿敏今天已去缴费，明儿就上课了。整个暑假我没有休息，星期日上午要教恩德、阿敏国文等等，下午又有许多客人。

我今夏身心极感疲劳，腰酸得很，从椅上站起来，一下子伛着背，挺不直。比往年差多了。精神也不及从前那么不知疲倦。除了十小时半以外的经常工作，再要看书，不但时间不够，头脑也吃不消了。

你的学习情形令人大为兴奋。两天上一课，就是每周三课。别的学生是否也是如此？我猜你是因为技巧落后，他们对你特别加紧，不知是否？来信说又要表演给委员会听，别人也是的；结果如何？别人的进步与你比起来又如何？

九月四日

多高兴，收到你波兰第四信和许多照片，邮程只有九日，比以前更快了一天。看照片，你并不胖，是否太用功，睡眠不足？还是室内拍的照，光暗对比之下显得瘦？又是谁替你拍的？在什么地方拍的，怎么室内有两架琴？又有些背后有竞赛会的广告，是怎么回事呢？通常总该在照片反面写印日期、地方，以便他日查考。

你的"鬇"字始终写别字，记住：上面是"髟"，下面是"松"，"松"便是"鬇"字的读音，记了这点就不会写错了。要写行书，可以如此写：〔草书〕。高字的草书是〔草书〕。

还有一件要紧的小事情：信封上的字别太大，把整个封面都占满了；两次来信，一封是路名被邮票掩去一部分，一封是我的姓名被贴去一只角。因为信封上实在没有地方可贴邮票了。你看看我给你的信封上的字，就可知道怎样才合适。

你的批评精神越来越强，没有被人捧得"忘其所以"，我真快活！你说的脑与心的话，尤其使我安慰。你有这样的了解，才显出你真正的进步。一到波兰，遇到一个如此严格、冷静、着重小节和分析曲体的老师，真是太幸运了。经过他的锻炼，你除了热情澎湃以外，更有个钢铁般的骨骼，使人觉得又热烈又庄严，又有感情又有理智，给人家的力量更深更强！我祝贺你，孩子，我相信你早晚会走到这条路上：过了几年，你的修养一定能够使你的 brain［理智］与 heart［感情］保持平衡。你的性灵越发掘越深厚、越丰富，你的技巧越磨越细，两样凑在一处，必有更广大的听众与批评家会欣赏你。孩子，我真替你快活。

你此次上台紧张，据我分析，还不在于场面太严肃——去年在罗京比赛不是一样严肃得可怕吗？主要是没先试琴，一上去听见 tone［声音］大，已自吓了一跳；touch［触键］不平均，又吓了一跳；pedal［踏板］不好，再吓了一跳。这三个刺激是你二十日上台紧张的最大原因。你说是不是？所以今后你切须牢记，除非是上台比赛，谁也不能先去摸琴，否则无论在私人家或在同学演奏会中，都得先试试 touch［触键］与 pedal［踏板］。我相信下一回你决不会再 nervous［紧张］的。

大家对你的欣赏，妈妈一边念信一边直淌眼泪。你瞧，孩子，你的成功给我们多大的欢乐！而你的自我批评更使我们喜悦得无可形容。

要是你看我的信，总觉得有教训意味，仿佛父亲老做牧师似的；或者我的一套言论，你从小听得太熟，耳朵起了茧；那么希望你从感情出发，体会我的苦心；同时更要想到：只要是真理，是真切的教训，不管出之于父母或朋友之口，出之于熟人生人，都得接受。别因为是听腻了的，无动于衷，当作耳边风！你别忘了：你从小到现在的家庭背景，不但在中国独一无二，便是在世界上也很少很少。哪个人教育一个年轻的艺术学生，除了艺术以外，再加上这么多的道德的？我完全信任你，我多少年来播的种子，必有一日在你身上开花结果——我指的是一个德艺俱备、人格卓越的艺术家！

你的随和脾气多少得改掉一些。对外国人比较容易，有时不妨直说：我有事，或者：我要写家信。艺术家特别需要冥思默想。老在人堆里（你自己已经心烦了），会缺少反省的机会；思想、感觉、感情也不能好好的整理、归纳。

Krakow［克拉可夫］是一个古城，古色古香的街道、教堂、桥，都是耐人寻味的。清早、黄昏、深夜，在这种地方徘徊必另有一番感触，足以做你诗情画意的材料。我从前住在法国内地一个古城里，叫作 Peitier［博济哀］，十三世纪的古城，那种古文化的气息至今不忘，而且常常梦见在那儿踯躅。北欧哥特式（Gothique）建筑，Krakow 一定不少，也是有特殊风格的。我恨不得飞到你身畔，和你一同赏玩呢！倘有什么风景片（那到处都有卖，很便宜的），不妨写上地名，作明信片寄来。

还有，你现在练新曲子，是否开始仍旧很慢的练？如 *Fantansy*［《幻想曲》］，是否仍每天慢练几遍？这是为了恩德作参考，同时也为了要知道手放松后，technic［技巧］的保持是否仍须常常慢练才行？这次的 *Scherzo*［《诙谐曲》］你写的是 Op.36［作品三十六号］，大概是作品三十九号之误吧？应该是第二支 *Scherzo* 吧？*Polonaise*［《波洛奈兹》］是否尚未练熟？以后的 *Concerto*［《协奏曲》］预备练那一支早先练过的，还是另外一支？

以后听到别的同学弹奏，希望能来信告诉你的意见和感想。我对音乐上的事太感兴趣了。

九月二十一日晨

十二日信上所写的是你在国外的第一个低潮。这些味道我都尝过。孩子，耐着性子，消沉的时间，无论谁都不时要遇到，但很快会过去的。游子思乡的味道你以后常常会有呢。

你说起讲英文的人少，不知你跟教授 Drzewiecki［杰维茨基］是讲什么话的？还有这 DRZ 三个开头的字母念成什么音？

整个字应如何读，望告知。来信只说学校没开学，却没说起什么时候开学？住在音乐院，吃得如何？病了有人来问没有？看医生没有？平时饮食寒暖务必小心，我们不在你身边，你得多管管自己才好！加衣进食等等，切不能偷懒马虎！我们的心老挂在你身上，每隔十天总等着信了。这一回就是天天等来信，唯恐我们的信才寄就收到来信，错过了头；所以直耽到今日才提笔。其实从十日起就想写了。

…………

昨天还有一件事，使我去开了一次会：华东美协为黄宾虹办了一个个人展览会，昨日下午举行开幕式，兼带座谈。我去了，画是非常好。一百多件近作，虽然色调浓黑，但是浑厚深沉得很，而且好些作品远看很细致，近看则笔头仍很粗。这种技术才是上品！我被赖少其（美协主席）逼得没法，座谈会上也讲了话。大概是：（1）西画与中画，近代已发展到同一条路上；（2）中画家的技术根基应向西画家学，如写生、写石膏等等；（3）中西画家应互相观摩、学习；（4）任何部门的艺术家都应对旁的艺术感到兴趣。发言的人一大半是颂扬作者，我觉得这不是座谈的意义。颂扬话太多了，听来真讨厌。

开会之前，昨天上午八点半，黄老先生就来我家。昨天在会场中遇见许多国画界的老朋友，如贺天健、刘海粟等，他们都说：黄先生常常向他们提到我，认为我是他平生一大知己。

因为你好久没接到我们的信，所以先把此信急急收场，寄出去。

这几日我又重伤风，不舒服得很。新开始的"巴尔扎克"，一天只能译二三页，真是蜗牛爬山！你别把"比赛"太放在心上。得失成败尽量置之度外，只求竭尽所能，无愧于心；效果反而好，精神上平日也可减少负担，上台也不至紧张。千万千万！

另外一点，你的手，特别是左手常常有"塌"下去的倾向，教授纠正没有？他是否特别注意手的姿势好看不好看？你 tone〔音质〕的问题是否十之八九业已解决？这是恩德打听的。因夏先生极重视手的好看问题，以为弹琴的手应如跳舞的姿势一样。我个人是不赞成此说。所以要得到一些你的学校经验作参考。

另外，夏先生一定要学生的大拇指不用时屈在掌心下，要用到时再伸出来。我觉得这也极不自然。你以为如何？

十月二日

收到九月二十二日晚发的第六信，很高兴。我们并没为你前信感到什么烦恼或是不安。我在第八信中还对你预告，这种精神消沉的情形，以后还是会有的。我是过来人，决不至于大惊小怪。你也不必为此担心，更不必硬压在肚里不告诉我们。心中的苦闷不在家信中发泄，又哪里去发泄呢？孩子不向父母诉苦向谁诉呢？我们不来安慰你，又该谁来安慰你呢？人一辈子都在高潮低潮中浮沉，唯有庸碌的人，生活才如死水一般；或者要有极高的修养，方能廓然无累，真正的解脱。只要高潮不过分使你紧张，低潮不过分使你颓废，就好了。太阳太强烈，会把五谷晒焦；雨水太猛，也会淹死庄稼。我们只求心理相当平衡，不至于受伤而已。你也不是栽了筋斗爬不起来的人。我预料国外这几年，对你整个的人也有很大的帮助。这次来信所说的痛苦，我都理会得；我很同情，我愿意尽量安慰你、鼓励你。克利斯朵夫不是经过多少回这种情形吗？他不是一切艺术家的缩影与结晶吗？慢慢的你会养成另外一种心情对付过去的事：就是能够想到而不再惊心动魄，能够从客观的立场分析前因后果，做将来的借鉴，以免重蹈覆辙。一个人唯有敢于正视现实，正视错误，用理智分析，彻底感悟，终不至于被回忆侵蚀。我相信你逐渐会学会这一套，越来越坚强的。我以前在信中和你提过感情的 ruin［创伤，覆灭］，就是要你把这些事当作心灵的灰烬看，看的时候当然不免感触万端，但不要刻骨铭心的伤害自己，而要像对着古战场一般的存着凭吊的心怀。倘若你认为这些话是对的，对你有些启发作用，那么将来在遇到因回忆而痛苦的时候（那一定免不了会再来的），拿出这封信来重读几遍。

说到音乐的内容，非大家指导见不到高天厚地的话，我也有另外的感触，就是学生本人先要具备条件：心中没有的人，再经名师指点也是枉然的。

十月二十二日晨

从胡尚宗家回来，就看到你的信与照片，今晨又收到大照片二张。

你的比赛问题固然是重负，但无论如何要做一番思想准备。只要尽量以得失置之度外，就能心平气和，精神肉体完全放松，只有如此才能希望有好成绩。这种修养趁现在做起还来得及，倘若能常常想到"文章千古事，得失寸心知"的名句，你一定会精神上放松得多。惟如此才能避免过度的劳顿与疲乏的感觉。最磨折人的不是脑力劳动，也不是体力劳动（那种疲乏很容易消除，休息一下就能恢复精力），而是操心（worry）！孩子，千万听我的话。

下功夫叫自己心理上松动，包管你有好成绩。紧张对什么事都有弊无利。从现在起，到比赛，还有三个多月，只要凭"愚公移山"的意志，存着"我尽我心"的观念；一紧张就马上叫自己宽弛，对付你的精神要像对付你的手与指一样，时时刻刻注意放松，我保证你明年会成功。这个心理卫生的功夫对你比练琴更重要，因为练琴的成绩以心理的状态为基础，为主要条件！你要我们少为你操心，也只有尽量叫你放松。这些话你听了一定赞成，也一定早想到的，但要紧的是实地做去，而且也要跟自己斗争；斗争的方式当然不是紧张，而是冲淡，而是多想想人生问题，宇宙问题，把个人看得渺小一些，那么自然会减少患得患失之心，结果身心反而舒泰，工作反而顺利！下次信来，希望你报告我们，在这方面努力的结果如何。

…………

我跟妈妈常梦见你回来，清清楚楚知道你只回来一两天，有一次我梦中还问你，能不能把肖邦的 *Fantasy* ［《幻想曲》］弹一遍给我听，"一定大不相同"，我说。

十月二十二日晨

你来信鼓励敏立即停学。我的意思是问题不简单。第一，在家不能单学小提琴，他的语文根底太差。我自己太忙，不能兼顾；要请好教员，大家又忙得要命，再无时间精力出来教课。其他如文史常识也缺乏适当的人教。第二，他自此为止在提琴方面的表现只能说中等；在家专学二三年后是否有发展可能毫无把握。第三，倘要为将来学乐理作准备，则更需要学钢琴，而照我们的学理论的标准，此方面的程度也要和顾圣婴、李名强差不多。此事更难，他年龄已大，目前又有新旧方法两派，既知道了新的，再从旧方法开场，心里有些不乐意。学新方法只有一个夏国琼能教，而这样一个初学的人是否值得去麻烦她呢？敏的看谱能力不强，夜长梦多，对钢琴，更渺茫。第四，截止目前为止，敏根底最好的还是自然科学与数学，至少这是在学校里有系统的训练的；不比语文、文史的教学毫无方法。倘等高中毕业以后再酌量情形决定，则进退自如。倘目前即辍学，假如过了两年，提琴无甚希望，再要回头重读正规学校，困难就多了。我对现在的学校教育当然有很多地方不满，但别无更好的方案可以代替学校教育。你学了二三个月琴，就有显著的特点，所以雷伯伯①，李阿姨②也热心。而且你的时代还能请到好教员补英文国文。敏本身的资质不及你，环境也不及你的好，而且年龄也大了，我不能对他如法炮制。不知你看了我这些分析觉得怎样？

即使我们的目的并不在于训练一个演奏人才，但到乐队去当一个普通的小提琴手，也不是容易的事。

又及

十一月十七日午

从十月二十一日接到你波兰第七信到现在，已有二十七天，算是隔得最长久的一次得不到你消息。所担心的是你身体怎样，无论如何忙，总不至于四星期不写信吧？你到波以后常常提到精神极度疲乏，除了工作的"时间"以外，更重要的恐怕还是工作时"消耗精力"的问题。倘使练琴时能多抑制情感，多着重于技巧，多用理智，我相信一定可以减少疲劳。比赛距今尚有三个多

---

① 雷垣，傅雷上海大同中学的好友，傅聪首任钢琴老师，傅聪七岁时跟随其学习钢琴。
② 李惠芳，傅聪的第二任钢琴教师。

月，长时期的心理紧张与感情高昂，足以影响你的成绩；千万小心，自己警惕，尽量冷静为要！我十几年前译书，有时也一边译一边感情冲动得很，后来慢慢改好了。

…………

星期一（十五日）晚上到音乐院去听苏联钢琴专家（目前在上海教课）的个人演奏……从头至尾呆板，诗意极少，没有细腻柔婉之美，没有光芒四射的华彩，也没有大刀阔斧的豪气。他年纪不过三十岁，人看来温文尔雅，颇有学者风度。大概教书不会坏的。但他上课，不但第一次就要学生把曲子背出（比如今天他指定你弹三个曲子，三天后上课，就要把那三支全部背；否则他根本不给你上课），而且改正时不许看谱（当场把谱从琴上拿掉的），只许你一边背，一边改正。这种教授法，你认为怎样？我觉得不合理。（一）背谱的快慢，人各不同，与音乐才具的高低无关；背不出即不上第一课，太机械化；（二）改正不许看谱，也大可商榷；因为这种改法不够发挥 intellectual［理智的］的力量，学生必须在理智上认识错的原因与改正的道理，才谈得上"消化""吸收"。我很想听听你的意见。

…………

孩子，你尽管忙，家信还是要多写，即使短短几行也可以；你不知父母常常在心里惦念，沉默久了，就要怕你身体是否健康；我这一星期就是精神很不安定，虽则忙着工作，肚里老是有个疙瘩；一定要收到了你的信，才"一块石头落地"！

练琴一定要节制感情，你既然自知责任重大，就应当竭力爱惜精神。好比一个参加世运的选手，比赛以前的几个月，一定要把身心的健康保护得非常好，才能有充沛的精力出场竞赛。俗语说"养兵千日"，"养"这个字极有道理。

你收发家信也要记账，平日可以查查，有多少天不写信了。最近你是十月十二日写的信，你自己可记得吗？多少对你的爱，对你的友谊，不知如何在笔底下传达给你！孩子，我精神上永远和你在一起！

十一月二十三日夜

多少天的不安，好几夜三四点醒来睡不着觉，到今日才告一段落。你的第八信和第七信相隔整整一个月零三天。我常对你妈说："只要是孩子工作忙而没写信或者是信在路上丢了，倒也罢了。我只怕他用功过度，身体不舒服，或是病倒了。"谢天谢地！你果然是为了太忙而少写信。别笑我们，尤其别笑你爸爸这么容易着急。这不是我能够克制的。天性所在，有什么办法？以后若是太忙，只要寥寥几行也可以，让我们知道你平安就好了。等到稍空时，再写长信，谈谈一切音乐和艺术的问题。

你为了俄国钢琴家兴奋得一晚睡不着觉；我们也常常为了些特殊的事而睡不着觉。神经锐敏的血统，都是一样的；所以我常常劝你尽量节制。那钢琴家是和你同一种气质的，有些话只能加增你的偏向。比如说每次练琴都要让整个人的感情激动。我承认在某些 romantic〔浪漫底克〕性格，这是无可避免的；但"无可避免"并不一定就是艺术方面的理想；相反，有时反而是一个大累！为了艺术的修养，在 heart〔感情〕过多的人还需要尽量自制。中国哲学的理想，佛教的理想，都是要能控制感情，而不是让感情控制。假如你能掀动听众的感情，使他们如醉如狂，哭笑无常，而你自己屹如泰山，像调度千军万马的大将军一样不动声色，那才是你最大的成功，才是到了艺术与人生的最高境界。你该记得贝多芬的故事，有一回他弹完了琴，看见听的人都流着泪，他哈哈大笑道："嘿！你们都是傻子。"艺术是火，艺术家是不哭的。这当然不能一蹴即成，尤其是你，但不能不把这境界作为你终生努力的目标。罗曼·罗兰心目中的大艺术家，也是这一派。

　　关于这一点，最近几信我常与你提到，你认为怎样？

　　我前晌对恩德说："音乐主要是用你的脑子，把你朦朦胧胧的感情（对每一个乐曲，每一章，每一段的感情）分辨清楚，弄明白你的感觉究竟是怎么一回事；等到你弄明白了，你的境界十分明确了，然后你的 technic〔技巧〕自会跟踪而来的。"你听听，这话不是和 Richter〔李赫特〕说的一模一样吗？我很高兴，我从一般艺术上了解的音乐问题，居然与专门音乐家的了解并无分别。

　　技巧与音乐的宾主关系，你我都是早已肯定了的；本无须逢人请教，再在你我之间讨论不完，只因为你的技巧落后，存了一

个自卑感，我连带也为你操心；再加近两年来国内为什么 school
［学派］，什么派别，闹得惶惶然无所适从，所以不知不觉对这个
问题特别重视起来。现在我深信这是一个魔障，凡是一天到晚闹
技巧的，就是艺术工匠而不是艺术家。一个人跳不出这一关，一
辈子也休想梦见艺术！艺术是目的，技巧是手段：老是只注意手
段的人，必然会忘了他的目的。甚至一些有名的 virtuoso ［演奏
家，演奏能手］也犯的这个毛病，不过程度高一些而已。

你到处的音乐会，据我推想，大概是各地的音乐团体或是交
响乐队来邀请的，因为十一月至明年四五月是欧洲各地的音乐
节。你是个中国人，能在 Chopin ［肖邦］的故国弹好 Chopin，所
以他们更想要你去表演。你说我猜得对不对？

昨晚陪你妈妈去看了昆剧：比从前差多了。好几出戏都被
"戏改会"改得俗滥，带着绍兴戏的浅薄的感伤味儿和骗人眼目
的花花绿绿的行头。还有是太卖弄技巧（武生）。陈西禾也大为
感慨，说这个才是"纯技术观点"。其实这种古董只是音乐博物
馆与戏剧博物馆里的东西，非但不能改，而且不需要改。它只能
给后人作参考，本身已没有前途，改它干吗？改得好也没意思，
何况是改得"点金成铁"！

十二月二十七日

十八日收到节目单、招贴、照片及杰老师的信，昨天

（二十六日）又收到你的长信（这是你第九封），好消息太多了，简直来不及，不知欢喜了哪一样好！妈妈老说："想起了小团，心里就快活！"好孩子，你太使人兴奋了。

一天练出一个 concerto［协奏曲］的三个乐章带 cadenza［华彩段］，你的 technic［技巧］和了解，真可以说是惊人。你上台的日子还要练足八小时以上的琴，也叫人佩服你的毅力。孩子，你真有这个劲儿，大家说还是像我，我听了好不 flattered［受宠若惊］！不过身体还得保重，别为了多争半小时一小时，而弄得筋疲力尽。从现在起，你尤其要保养得好，不能太累，休息要充分，常常保持 fresh［饱满］的精神。好比参加世运的选手，离上场的日期愈近，身心愈要调养得健康，精神饱满比什么都重要。所谓 The first prize is always "luck"［第一名总是"碰运气的"］这句话，一部分也是这个道理。目前你的比赛节目既然差不多了，technic［技巧］，pedal［踏板］也解决了，那更不必过分拖累身子！再加一个半月的琢磨，自然还会百尺竿头，更进一步；你不用急，不但你有信心，老师也有信心，我们大家都有信心：主要仍在于心理修养，精神修养，存了"得失置之度外""胜败兵家之常"那样无挂无碍的心，包你没有问题的。第一，饮食寒暖要极小心，一点儿差池不得。比赛以前，连小伤风都不让它有，那就行了。

到波兰五个月，有这样的进步，恐怕你自己也有些出乎意外吧。李先生今年一月初说你：gains come with maturity［因日渐成熟而有所进步], 真对。勃隆斯丹过去那样赏识你, 也大有先见之明。还是我做父亲的比谁都保留, 其实我也是 expect the worst, hope for the best [作最坏的打算, 抱最高的希望]。我是你的舵工, 责任最重大; 从你小时候起, 我都怕好话把你宠坏了。现在你到了这地步, 样样自己都把握得住, 我当然不再顾忌, 要跟你说: 我真高兴, 真骄傲! 中国人气质, 中国人灵魂, 在你身上和我一样强, 我也大为高兴。

还要打听你一件事: 上次匈牙利小提琴家 (音乐院院长) 演奏, 从头至尾都是拿出谱来拉的; 我从前在欧洲从未见过, 便是学生登台也没有这样的事; 不知你在波兰见过这等例子吗? 不妨问问人家。我个人总觉得"差些劲"。周伯伯前晌谈到朗读诗歌, 说有人看了原文念, 那是念不好的; 一定要背, 感情才浑成。我觉得这话很有见地。诗歌朗诵尚且如此, 何况弹琴、拉琴! 我自己教恩德念诗, 也有这经验。凡是空口背而念的, 比看着原作念的, 精神更一贯, 情绪更丰富。

…………

你现在手头没有散文的书 (指古文),《世说新语》大可一读。日本人几百年来都把它当作枕中秘宝。我常常缅怀两晋六朝的文采风流, 认为是中国文化的一个高峰。

《人间词话》, 青年们读得懂的太少了; 肚里要不是先有上百首诗, 几十首词, 读此书也就无用。再说, 目前的看法, 王国维是"唯心"的；在此俞平伯"大吃生活"①之际，王国维也是受批判的对象。其实，唯心唯物不过是一物之两面，何必这样死拘！我个人认为中国有史以来，《人间词话》是最好的文学批评。开发性灵，此书等于一把金钥匙。一个人没有性灵，光谈理论，其不成为现代学究、当世腐儒、八股专家也鲜矣！为学最重要的是"通"，通才能不拘泥，不迂腐，不酸，不八股；"通"才能培养气节、胸襟、目光；"通"才能成为"大"，不大不博，便有坐井观天的危险。我始终认为弄学问也好，弄艺术也好，顶要紧是humain②，要把一个"人"尽量发展，没成为某某家某某家以前，先要学做人；否则那种某某家无论如何高明也不会对人类有多大贡献。这套话你从小听腻了，再听一遍恐怕更觉得烦了。

…………

妈妈说你的信好像满纸都是 sparkling［光芒四射，耀眼生辉］。当然你浑身都是青春的火花，青春的鲜艳，青春的生命、才华，自然写出来的有那么大的吸引力了。我和妈妈常说，这是你一生之中的黄金时代，希望你好好的享受、体验，给你一辈子做个最精彩的回忆的底子！眼看自己一天天的长大成熟，进步，了解的东西一天天的加多，精神领域一天天的加阔，胸襟一天天的宽大，感情一天天的丰满深刻：这不是人生最美满的幸福是什

---

① 上海方言，此处指受批判。
② 法文，即英文的 human，意为"人"。

么！这不是最隽永最迷人的诗歌是什么！孩子，你好福气！

十二月三十一日晚

寄你的书里，《古诗源选》《唐五代宋词选》《元明散曲选》前面都有序文，写得不坏；你可仔细看，而且要多看几遍；隔些日子温温，无形中可以增加文学史及文学体裁的学识，和外国朋友谈天，也多些材料。谈词、谈曲的序文中都提到中国固有音乐在隋唐时已衰歇，宫廷盛行外来音乐；故真正古乐府（指魏晋两汉的）如何唱法在唐时已不可知。这一点不但是历史知识，而且与我们将来创作音乐也有关系。换句话说，非但现时不知唐宋人如何唱诗、唱词，即使知道了也不能说那便是中国本土的唱法。至于龙沐勋氏在序中说"唐宋人唱诗唱词，中间常加'泛音'，这是不应该的"（大意如此）；我认为正是相反；加泛音的唱才有音乐可言。后人把泛音填上实字，反而是音乐的大阻碍。昆曲之所以如此费力、做作，中国音乐被文字束缚到如此地步，都是因为古人太重文字，不大懂音乐；懂音乐的人又不是士大夫，士大夫视音乐为工匠之事，所以弄来弄去，发展不出。汉魏之时有《相和歌》，明明是 duet［二重唱］的雏形，倘能照此路演进，必然早有 polyphonic［复调］的音乐。不料《相和歌》辞不久即失传，故非但无 polyphony［复调音乐］，连 harmony［和声］也产生不出。真是太可惜了。

一九五五年

我一生做事，总是第一坦白，第二坦白，第三还是坦白。绕圈子，躲躲闪闪，反易叫人疑心……只要态度诚恳、谦卑、恭敬，无论如何人家不会对你怎么的。

——一九五五年五月

一月九日深夜

开音乐会的日子，你仍维持八小时工作；你的毅力、精神、意志，固然是惊人，值得佩服，但我们毕竟为你操心。孩子，听我们的话，不要在已经觉得疲倦的时候再 force［勉强］自己。多留一分元气，在长里看还是占便宜的。尤其在比赛以前半个月，工作时间要减少一些，最要紧的是保养身心的新鲜，元气充沛，那么你的演奏也一定会更丰满，更 fresh［清新］！

十二月三十一日及元旦两天，我和妈妈说了好几遍，不知你在哪里跟谁过新年，想必有朋友的家庭请你去吧？

至此为止，你一共存了多少钱？平日既然还要贴零用钱（照来信说，大使馆过去给你的贴补都已还了——这件事做得极好——将来想更不会再拿他们的）也得处处算算；音乐会的收入不是终年不断的。五月以后十月以前，欧洲到处是假期。那几个"清月"，全靠冬春两季"忙月"的进款周转。别以为钱多，用起来是很快的，比来的时候快得多。直要到钱完的时候，你才会吓一跳，说：怎么花得这么快！这不但你现在要注意，将来一生都要牢记！

··········

不再写了，等你来信吧。一切珍重！

昨夜妈妈又梦见你，我们都时常想你，梦见你；不知你在外可有同样的情形？

一月二十六日

元旦一手扶杖，一手搭在妈妈肩上，试了半步，勉强可走，这两日也就半坐半卧。但和残废一样，事事要人服侍，单独还是一步行不得。大概再要养息一星期方能照常。

早预算新年中必可接到你的信，我们都当作等待什么礼物一般的等着。果然昨天早上收到你来信，而且是多少可喜的消息。孩子！要是我们在会场上，一定会禁不住涕泗横流的。世界上最高的最纯洁的欢乐，莫过于欣赏艺术，更莫过于欣赏自己的孩子的手和心传达出来的艺术！其次，我们也因为你替祖国增光而快乐！更因为你能借音乐而使多少人欢笑而快乐！想到你将来一定有更大的成就，没有止境的进步，为更多的人更广大的群众服务，鼓舞他们的心情，抚慰他们的创痛，我们真是心都要跳出来了！能够把不朽的大师的不朽的作品发扬光大，传布到地球上每一个角落去，真是多神圣、多光荣的使命！孩子，你太幸福了，天待你太厚了。我更高兴的更安慰的是：多少过分的谀词与夸奖，都没有使你丧失自知之明，众人的掌声、拥抱，名流的赞美，都没有减少你对艺术的谦卑！总算我的教育没有白费，你二十年的折磨没有白受！你能坚强（不为胜利冲昏了头脑是坚强的最好的证据），只要你能坚强，我就一辈子放了心！成就的大小、高低，是不在我们掌握之内的，一半靠人力，一半靠天赋，但只要坚强，就不怕失败，不怕挫折，不怕打击——不管是人事上的，生活上的，技术上的，学习上的——打击；从此以后你可以孤军奋斗了。何况事实上有多少良师益友在周围帮助你，扶掖你。还加上古今的名著，时时刻刻给你精神上的养料！孩子，从今以后，你永远不会孤独的了，即使孤独也不怕的了！

赤子之心这句话，我也一直记住的。赤子便是不知道孤独的。赤子孤独了，会创造一个世界，创造许多心灵的朋友！永远保持赤子之心，到老也不会落伍，永远能够与普天下的赤子之心相接相契相抱！你那位朋友说得不错，艺术表现的动人，一定是从心灵的纯洁来的！不是纯洁到像明镜一般，怎能体会到前人的心灵？怎能打动听众的心灵？

斯曼齐安卡说的肖邦协奏曲的话，使我想起前二信你说Richter［李赫特］弹柴可夫斯基的协奏曲的话。一切真实的成就，必有人真正的赏识。

音乐院院长说你的演奏像流水、像河；更令我想到克利斯朵夫的象征。天舅舅说你小时候常以克利斯朵夫自命；而你的个性居然和罗曼·罗兰的理想有些相像了。河，莱茵，江声浩荡……钟声复起，天已黎明……中国正到了"复旦"的黎明时期，但愿你做中国的——新中国的——钟声，响遍世界，响遍每个人的心！滔滔不竭的流水，流到每个人的心坎里去，把大家都带着，跟你一块到无边无岸的音响的海洋中去吧！名闻世界的扬子江与黄河，比莱茵的气势还要大呢！……黄河之水天上来，奔流到海不复回！……无边落木萧萧下，不尽长江滚滚来！……有这种诗人灵魂的传统的民族，应该有气吞牛斗的表现才对。

你说常在矛盾与快乐之中，但我相信艺术家没有矛盾不会进步，不会演变，不会深入。有矛盾正是生机蓬勃的明证。眼前你感到的还不过是技巧与理想的矛盾，将来你还有反复不已更大的矛盾呢：形式与内容的枘凿，自己内心的许许多多不可预料的矛盾，都在前途等着你。别担心，解决一个矛盾，便是前进一步！矛盾是解决不完的，所以艺术没有止境，没有 perfect［完美，十全十美］的一天，人生也没有 perfect 的一天！惟其如此，才需要我们日以继夜，终生的追求、苦练；要不然大家做了羲皇上人，垂手而天下治，做人也太腻了！

三月二十日上午

期待了一个月的结果终于揭晓了，多少夜没有好睡，十九日晚更是神思恍惚，昨（二十日）夜为了喜讯过于兴奋，我们仍没睡着。先是昨晚五点多钟，马太太从北京来长途电话；接着八时许无线电报告（仅至第五名为止），今晨报上又披露了十名的名单。难为你，亲爱的孩子！你没有辜负大家的期望，没有辜负祖国的寄托，没有辜负老师的苦心指导，同时也没辜负波兰师友及广大群众这几个月来对你的鼓励！

也许你觉得应该名次再前一些才好，告诉我，你是不是有"美中不足"之感？可是别忘了，孩子，以你离国前的根基而论，你七个月中已经作了最大的努力，这次比赛也已经 do your best［尽力而为］。不但如此，这七个月的成绩已经近乎奇迹。想不到你有这么些才华，想不到你的春天来得这么快，花开得这么美，开到世界的乐坛上放出你的异香。东方升起了一颗星，这么光明，这么纯净，这么深邃；替新中国创造了一个辉煌的世界纪录！我做父亲的一向低估了你，你把我的错误用你的才具与苦功给点破了，我真高兴，我真骄傲，能够有这么一个儿子把我错误的估计全部推翻！妈妈是对的，母性的伟大不在于理智，而在于那种直觉的感情；多少年来，她嘴上不说，心里是一向认为我低估你的能力的；如今她统统向我说明了。我承认自己的错误，但是用多么愉快的心情承认错误：这也算是一个奇迹吧？

回想到一九五三年十二月你从北京回来，我同意你去波学习，但不鼓励你参加比赛，还写信给周巍峙要求不让你参加。虽说我一向低估你，但以你那个时期的学力，我的看法也并不全错。你自己也觉得即使参加，未必有什么把握。想你初到海滨时，也不见得有多大信心吧？可见这七个月的学习，上台的经验，对你的帮助简直无法形容，非但出于我们意料之外，便是你以目前和七个月以前的成绩相比，你自己也要觉得出乎意料之外，是不是？

今天清早柯子岐打电话来，代表他父亲母亲向我们道贺。子岐说：与其你光得第二，宁可你得第三，加上一个玛祖卡奖。这句话把我们心里的意思完全说中了。你自己有没有这个感想呢？

再想到一九四九年第四届比赛的时期，你流浪在昆明，那时你的生活，你的苦闷，你的渺茫的前途，跟今日之下相比，不像是做梦吧？谁想得到，一九五一年回上海时只弹"*Pathetique*" Sonata [《"悲怆"奏鸣曲》] 还没弹好的人，五年以后会在国际乐坛的竞赛中名列第三？多少迂回的路，多少痛苦，多少失意，多少挫折，换来你今日的成功！可见为了获得更大的成功，只有加倍努力，同时也得期待别的迂回，别的挫折。我时时刻刻要提醒你，想着过去的艰难，让你以后遇到困难的时候更有勇气去克服，不至于失掉信心！人生本是没穷尽没终点的马拉松赛跑，你的路程还长得很呢：这不过是一个光辉的开场。

回过来说：我过去对你的低估，在某些方面对你也许有不良的影响，但有一点至少是对你有极大的帮助的。惟其我对你要求严格，终不至于骄纵你——你该记得罗马尼亚三奖初宣布时你的愤懑心理，可见年轻人往往容易估高自己的力量。我多少年来把你紧紧拉着，至少养成了你对艺术的严肃的观念，即使偶尔忘形，也极易拉回来。我提这些话，不是要为我过去的做法辩护，而是要趁你成功的时候特别让你提高警惕，绝对不让自满和骄傲的情绪抬头。我知道这也用不着多嘱咐，今日之下，你已经过了这一道骄傲自满的关，但我始终是中国儒家的门徒，遇到极盛的事，必定要有"如临深渊，如履薄冰"的格外郑重、危惧、戒备的感觉。

现在再谈谈实际问题：

据我们猜测，你这一回还是吃亏在 technic［技巧］，而不在于 music［音乐］；根据你技巧的根底，根据马先生到波兰后的家信，大概你在这方面还不能达到极有把握的程度。当然难怪你，过去你受的什么训练呢？七个月能有这成绩已是奇迹，如何再能苛求？你几次来信，和在节目单上的批语，常常提到"佳，但不完整"。从这句话里，我们能看出你没有列入第一二名的最大关键。大概马先生到波以后的几天，你在技巧方面又进了一步，要不然，眼前这个名次恐怕还不易保持。在你以后的法、苏、波几位竞争者，他们的技巧也许还胜过你呢？假若比赛是一九五四年夏季举行，可能你是会名落孙山的；假若你过去二三年中就受着杰维茨基教授指导，大概这一回稳是第一；即使再跟他多学半年吧，第二也该不成问题了。

告诉我，孩子，你自己有没有这种感想？

说到"不完整"，我对自己的翻译也有这样的自我批评。无论译哪一本书，总觉得不能从头至尾都好；可见任何艺术最难的是"完整"！你提到 perfection［完美］，其实 perfection 根本不存在的，整个人生、世界、宇宙，都谈不上 perfection。要就是存在于哲学家的理想和政治家的理想之中。我们一辈子的追求，有史以来多少世代的人的追求，无非是 perfection，但永远是追求不到的，因为人的理想、幻想，永无止境，所以 perfection 像水中月、镜中花，始终可望而不可即。但能在某一个阶段求得总体的"完整"或是比较的"完整"，已经很不差了。

三月二十七日夜

为你参考起见，我特意从一本专论莫扎特的书里译出一段给你。另外还有罗曼·罗兰论莫扎特的文字，来不及译。不知你什么时候学莫扎特？肖邦在写作的 taste［品味，鉴赏力］方面，极注意而且极感染莫扎特的风格。刚弹完肖邦，接着研究莫扎特，我觉得精神血缘上比较相近。不妨和杰老师商量一下，你是否可在贝多芬第四弹好以后，接着上手莫扎特？等你快要动手时，先期来信，我再寄罗曼·罗兰的文字给你。

从我这次给你的译文中，我特别体会到，莫扎特的那种温柔妩媚，所以与浪漫派的温柔妩媚不同，就是在于他像天使一样的纯洁，毫无世俗的感伤或是靡靡的 sweetness［甜腻］。神明的温柔，当然与凡人的不同，就是达·芬奇与拉斐尔的圣母，那种妩媚的笑容决非尘世间所有的。能够把握到什么叫作脱尽人间烟火的温馨甘美，什么叫作天真无邪的爱娇，没有一点儿拽心，没有一点儿情欲的骚乱，那么我想表达莫扎特可以"虽不中，不远矣"。你觉得如何？往往十四五岁到十六七岁的少年，特别适应莫扎特，也是因为他们童心没有受过沾染。

将来你预备弹什么近代作家，望早些安排，早些来信；我也可以供给材料。在精神气氛方面，我还有些地方能帮你忙。

我再要和你说一遍：平日来信多谈谈音乐问题。你必有许多感想和心得，还有老师和别的教授们的意见。这儿的小朋友们一个一个都在觉醒，苦于没材料。他们常来看我，和我谈天；我当然要尽量帮助他们。你身在国外，见闻既广，自己不断的在那里进步，定有不少东西可以告诉我们。同时一个人的思想是一边写一边谈出来的，借此可以刺激头脑的敏捷性，也可以训练写作的能力与速度。此外，也有一个道义的责任，使你要尽量的把国外的思潮向我们报道。一个人对人民的服务不一定要站在大会上演讲或是做什么惊天动地的大事业，随时随地，点点滴滴的把自己知道的、想到的告诉人家，无形中就是替国家播种、施肥、垦植！孩子，你千万记住这些话，多多提笔！

四月一日晚

我们天天计算，假定二十二日你发信，昨天就该收到；假定二十三日发，今天也应到了。奇怪，怎么二十日给奖，你二十三日还没寄家信呢？迟迟无消息，我又要担心你不要紧张过度，身体不舒服吧？自从一月二十五日收到你第十信（你是一月十六日发的）以后，两个月零一星期，没有你只字片纸，我们却给了你七封信。……

我知道你忙，可是你也知道我未尝不忙，至少也和你一样忙。我近七八个月身体大衰，跌跤后已有两个半月，腿力尚未恢复，腰部酸痛更是厉害。但我仍硬撑着工作，写信，替你译莫扎特等都是拿休息时间，忍着腰痛来做的。孩子，你为什么老叫人牵肠挂肚呢？预算你的信该到的时期，一天不到，我们精神上就一天不得安定。

我们又猜想，也许马思聪先生回来，可能带信来，但他究竟何时离开华沙？假定二十五日以后离波，难道你也要到那时才给我们写信吗？照片及其他文件剪报等等，因为厚重，交马先生带当然很好，省却许多航空邮费。但报告比赛详情的信总不会那么迟才动笔吧？要说音乐会，至早也得与比赛相隔一个星期，那你也不至于比赛完了，又忙得无暇写信。那又究竟是什么道理呢？难道两个多月不写家信这件事，对你不是一件精神负担吗？难道你真的身子不舒服吗？

我们历来问你讨家信，就像讨情一般。你该了解你爸爸的脾气，别为了写信的事叫他多受屈辱，好不好？

四月三日

今日接马先生（三十日）来信，说你要转往苏联学习，又说已与文化部谈妥，让你先回国演奏几场；最后又提到预备叫你参加明年二月德国的 Schumann［舒曼］比赛。

我认为回国一行，连同演奏，至少要花两个月；而你还要等波兰的零星音乐会结束以后方能动身。这样，前前后后要费掉三个多月。这在你学习上是极大的浪费。尤其你技巧方面还要加工，倘若再想参加明年的 Schumann［舒曼］比赛，他的技巧比肖邦的更麻烦，你更需要急起直追。与其让政府花了一笔来回旅费而耽误你几个月学习，不如叫你在波兰灌好唱片（像我前信所说）寄回国内，大家都可以听到，而且是永久性的；同时也不妨碍你的学业。我们做父母的，在感情上极希望见见你，听到你这样成功的演奏，但为了你的学业，我们宁可牺牲这个福气。我已将此意写信告诉马先生，请他与文化部从长考虑。我想你对这个问题也不会不同意吧？

其次，转往苏联学习一节，你从来没和我们谈过。你去波以后我给你二十九封信，信中表现我的态度难道还使你不敢相信，什么事都可以和我细谈、细商吗？你对我一字不提，而托马先生直接向中央提出，老实说，我是很有自卑感的，因为这反映你对我还是不放心。大概我对你从小的不得当、不合理的教育，后果还没有完全消灭。你比赛以后一直没信来，大概心里又有什么疙瘩吧！马先生回来，你也没托带什么信，因此我精神上的确非常难过，觉得自己功不补过。现在谁都认为（连马先生在内）你今日的成功是我在你小时候打的基础，但事实上，谁都不再对你当前的问题再来征求我一分半分意见；是的，我承认老朽了，不能再帮助你了。

可是我还有几分自大的毛病，自以为看事情还能比你们青年看得远一些，清楚一些。同时我还有过分强的责任感，这个责任感使我忘记了自己的老朽，忘记了自己帮不了你忙而硬要帮你忙。

所以倘使下面的话使你听了不愉快，使你觉得我不了解你，不了解你学习的需要，那么请你想到上面两个理由而原谅我，请你原谅我是人，原谅我抛不开天下父母对子女的心。

一个人要做一件事，事前必须考虑周详。尤其是想改弦易辙，丢开老路，换走新路的时候，一定要把自己的理智做一个天平，把老路与新路放在两个盘里很精密的称过。现在让我来替你做一件工作，帮你把一项项的理由，放在秤盘里：

［甲盘］

（一）杰老师过去对你的帮助是否不够？假如他指导得更好，你的技术是否还可以进步？

（二）六个月在波兰的学习，使你得到这次比赛的成绩，你是否还不满意？

（三）波兰得第一名的，也是杰老师的学生，他得第一的原因何在？

（四）技术训练的方法，波兰派是否有毛病，或者不完全？

（五）技术是否要靠时间慢慢的提高？

（六）除了肖邦以外，对别的作家的了解，波兰的教师是否不大使你佩服？

（七）去年八月周小燕在波兰知道杰老师为了要教你，特意训练他的英语，这点你知道吗？

[乙盘]

（一）苏联的教授法是否一定比杰老师的高明？技术上对你可以有更大的帮助？

（二）假定过去六个月在苏联学，你是否觉得这次的成绩可以更好？名次更前？

（三）苏联得第二名的，为什么只得一个第二？

（四）技术训练的方法，在苏联是否一定胜过任何国家？

（五）苏联是否有比较快的方法提高？

（六）对别的作家的了解，是否苏联比别国也高明得多？

（七）苏联教授是否比杰老师还要热烈？

[一般性的]

（八）以你个人而论，是否换一个技术训练的方法，一

定还能有更大的进步？所以对第（二）项要特别注意，你是
否觉得以你六个月的努力，倘有更好的方法教你，你是否技
术上可以和别人并驾齐驱，或是更接近？

（九）以学习 Schumann［舒曼］而论，是否苏联也有特
殊优越的条件？

（十）过去你盛称杰老师教古典与近代作品教得特别好，
你现在是否改变了意见？

（十一）波兰居住七个月来的总结，是不是你的学习环
境不大理想？苏联是否在这方面更好？

（十二）波兰各方面对你的关心、指点，是否在苏联同
样可以得到？

（十三）波兰方面一般带着西欧气味，你是否觉得对你
的学习不大好？

这些问题希望你平心静气，非常客观的逐条衡量，用"民主
表决"的方法，自己来一个总结，到那时再作决定。总之，听不
听由你，说不说由我。你过去承认我"在高山上看事情"，也许
我是近视眼，看出来的形势都不准确。但至少你得用你不近视的
眼睛，来检查我看到的是否不准确。果然不准确的话，你当然不
用，也不该听我的。

假如你还不以为我顽固落伍，而愿意把我的意见加以考虑的
话，那对我真是莫大的"荣幸"了！等到有一天，我发觉你处处

比我看得清楚，我第一个会佩服你，非但不来和你"缠夹二"乱提意见，而且还要遇事来请教你呢！目前，第一不要给我们一个闷葫芦！磨难人最厉害的莫如 unknown［不知］和 uncertain［不定］！对别人同情之前，对父母先同情一下吧！

四月二十一日夜

能够起床了，就想到给你写信。

邮局把你比赛后的长信遗失，真是害人不浅。我们心神不安半个多月，都是邮局害的。三月三十日是我的生日，本来预算可以接到你的信了。到四月初，心越来越焦急，越来越迷糊，无论如何也想不通你始终不来信的原因。到四月十日前后，已经根本抛弃希望，似乎永远也接不到你的家信了。

四月十日上午九时半至十一时，听北京电台广播你弹的 *Berceuse*［《摇篮曲》］和一支 *Mazurka*［《玛祖卡》］，一边听，一边说不出有多少感触。耳朵里听的是你弹的音乐，可是心里已经没有把握孩子对我们的感情怎样——否则怎么会没有信呢？——真的，孩子，你万万想不到我跟你妈妈这一个月来的精神上的波动，除非你将来也有了孩子，而且也是一个像你这样的孩子！马先生三月三十日就从北京寄信来，说起你的情形，可见你那时身体是好的，那么迟迟不写家信更叫我们惶惑"不知所措"了。何况你对文化部提了要求，对我连一个字也没有：难道又不信任爸爸了吗？这个疑问给了我最大的痛苦，又使我想到舒曼痛惜他父亲早死的事，又想到莫扎特写给他父亲的那些亲切的信：其中有一封信，是莫扎特离开了 Salzburg［萨尔茨堡］大主教，受到父亲责难，莫扎特回信说：

"是的，这是一封父亲的信，可不是我的父亲的信！"

聪，你想，我这些联想对我是怎样的一种滋味！四月三日（第30号）的信，我写的时候不知怀着怎样痛苦、绝望的心情，我是永远忘不了的。妈妈说的："大概我们一切都太顺利了，太幸福了，天也嫉妒我们，所以要给我们受这些挫折！"要不这样说，怎么能解释邮局会丢失这么一封要紧的信呢？

你那封信在我们是有历史意义的，在我替你编录的"学习经过"和"国外音乐报道"（这是我把你的信分成的类别，用两本簿子抄下来的），是极重要的材料。我早已决定，我和你见了面，每次长谈过后，我一定要把你谈话的要点记下来。为了青年朋友们的学习，为了中国这么一个处在音乐萌芽时代的国家，我做这些笔记是有很大的意义的。所以这次你长信的失落，逼得我留下一大段空白，怎么办呢？

可是事情不是没有挽回的。我们为了丢失那封信，二十多天的精神痛苦，不能不算是付了很大的代价；现在可不可以要求你也付些代价呢？只要你每天花一小时的功夫，连续三四天，补写一封长信给我们，事情就给补救了。而且你离开比赛时间久一些，也许你一切的观感倒反客观一些。我们极需要知道你对自己的演出的评价，对别人的评价——尤其是对于前四五名的。我一向希望你多发表些艺术感想，甚至对你弹的 Chopin［肖邦］某几个曲子的感想。我每次信里都谈些艺术问题，或是报告你国内乐坛消息，无非想引起你的回响，同时也使你经常了解国内的情形。

你每次要东西，我们无不立刻商量，上哪儿买，找哪种货；然后妈妈立刻出动，有时她出去看了回来，再和我一同去买。但是你收到以后从来不提，连是否收到我们都没有把握。我早告诉你，收到东西，光是寄一张航空明信片也行。

…………

你说要回来，马先生信中说文化部同意（三月三十日信）你回来一次表演几场；但你这次（四月九日）的信和马先生的信，都叫人看不出究竟是你要求的呢，还是文化部主动的？我认为以你的学习而论，回来是大大的浪费。但若你需要休息，同时你绝对有把握耽搁二四个月不会影响你的学习，那么你可以相信，我和你妈妈未有不欢迎的！在感情的自私上，我们最好每年能见你一面呢！

至于学习问题，我并非根本不赞成你去苏联；只是觉得你在波兰还可以多耽二三年，从波兰转苏联，极方便；再要从苏联转波兰，就不容易了！这是你应当考虑的。但若你认为在波兰学习环境不好，或者杰老师对你不相宜，那么我没有话说，你自己决定就是了。但决定以前，必须极郑重、极冷静，从多方面、从远处大处想周到。

你去年十一月中还说："希望比赛快快过去，好专攻古典和近代作品。杰老师教出来的古典真叫人佩服。"难道这几个月内你这方面的意见完全改变了吗？

倘说技巧问题，我敢担保，以你的根基而论，从去年八月到今年二月的成就，无论你跟世界上哪一位大师哪一个学派学习，都不可能超出这次比赛的成绩！你的才具，你的苦功，这一次都已发挥到最高度，老师教你也施展出他所有的本领和耐性！你可曾研究过 program［节目单］上人家的学历吗？我是都仔细看过了的；我敢说所有参加比赛的人，除了非洲来的以外，没有一个人的学历像你这样可怜的，——换句话说，跟到名师只有六七个月的竞选人，你是独一无二的例外！所以我在三月二十一日（第 28 号）信上就说拿你的根基来说，你的第三名实际是远超过了第三名。说得再明白些，你想：Harasiewicz［哈拉谢维兹］，Askenasi［阿什肯纳奇］，Ringeissen［林格森］，① 这几位，假如过去学琴的情形和你一样，只有十至十二岁半的时候，跟到一个 Paci［百器］，十七至十八岁跟到一个 Bronstein［勃隆斯丹］，再到比赛前七个月跟到一个杰维茨基，你敢说：他们能获得第三名和 *Mazurka*［《玛祖卡》］奖吗？

我说这样的话，绝对不是鼓励你自高自大，而是提醒你过去

————

① 此三位均为当时的参赛获奖选手。

六七个月，你已经尽了最大的努力，杰老师也尽了最大的努力。假如你以为换一个 school［学派］，你六七个月的成就可以更好，那你就太不自量，以为自己有超人的天才了。一个人太容易满足固然不行，太不知足而引起许多不现实的幻想也不是健全的！这一点，我想也只有我一个人会替你指出来。假如我把你意思误会了（因为你的长信失落了，也许其中有许多理由，关于这方面的），那么你不妨把我的话当作"有则改之，无则加勉"。爸爸一千句、一万句，无非是为你好，为你个人好，也就是为我们的音乐界好，也就是为我们的祖国、人民以及全世界的人类好！

我知道克利斯朵夫（晚年的）和乔治之间的距离，在一个动荡的时代是免不了的。但我还不甘落后，还想事事、处处追上你们、了解你们，从你们那儿汲取新生命、新血液、新空气，同时也想竭力把我们的经验和冷静的理智，献给你们，做你们一支忠实的手杖！万一有一天，你们觉得我这根手杖是个累赘的时候，我会感觉到，我会销声匿迹，决不来绊你们的脚！

你有一点也许还不大知道。我一生遇到重大的问题，很少不是找几个内行的、有经验的朋友商量的；反之，朋友有重大的事也很少不来找我商量的。我希望和你始终能保持这样互相帮助的关系。

　　………………

说起 Berceuse［《摇篮曲》］，大家都觉得你变了很多，认不得了；但你的 Mazurka［《玛祖卡》］，大家又认出你的面目了！

是不是现在的 style［风格］都如此？所谓自然、简单、朴实，是否可以此曲（照你比赛时弹的）为例？我特别觉得开头的 theme［主题］非常单调，太少起伏，是不是我的 taste［品味，鉴赏力］已经过时了呢？

你去年盛称 Richter［李赫特］，阿敏二月中在国际书店买了他弹的 Schumann［舒曼］: The Evening［《晚上》］，平淡得很；又买了他弹的 Schubert［舒伯特］: Moment Musicaux［《瞬间音乐》］，那我可以肯定完全不行，笨重得难以形容，一点儿 Vienna［维也纳］风的轻灵、清秀、柔媚都没有。舒曼的我还不敢确定，他弹的舒伯特，则我断定不是舒伯特。可见一个大家要样样合格真不容易。

你是否已决定明年五月参加舒曼比赛，会不会妨碍你的正规学习呢？是否同时可以弄古典呢？你的古典功夫一年又一年的耽下去，我实在不放心。尤其你的 mentality［心态］，需要早早借古典作品的熏陶来维持它的平衡。我们学古典作品，当然不仅仅是为古典而古典，而尤其是为了整个人格的修养，尤其是为了感情太丰富的人的修养！

所以，我希望你和杰老师谈谈，同时自己也细细思忖一番，是否准备 Schumann［舒曼］和研究古典作品可以同时并进？这些地方你必须紧紧抓住自己。我很怕你从此过的多半是选手生涯。选手生涯往往会限制大才的发展，影响一生的基础！

不知你究竟回国不回国？假如不回国，应及早对外声明，你的代表中国参加比赛的身份已经告终；此后是纯粹的留学生了。用这个理由可以推却许多邀请和群众的热情的（但是妨碍你学业的）表示。做一个名人也是有很大的危险的，孩子，可怕的敌人不一定是面目狰狞的，和颜悦色、一腔热爱的友情，有时也会耽误你许许多多宝贵的光阴。孩子，你在这方面极需要拿出勇气来！

五月八日—九日

昨晚有匈牙利的 flutist［长笛演奏家］和 pianist［钢琴家］的演奏会，作协送来一张票子，我腰酸不能久坐，让给阿敏去了。他回来说 pianist 弹的不错，就是身体摇摆得太厉害。因而我又想起了 Richter［李赫特］在银幕扮演李斯特的情形。我以前跟你提过，不知李赫特平时在台上是否也摆动很厉害？这问题，正如多多少少其他的问题一样，你没有答复我。记得马先生二月十七日从波兰写信给王棣华，提到你在琴上"表情十足"。不明白他这句话是指你的手下表达出来的"表情十足"呢，还是指你身体的动作？因为你很钦佩 Richter［李赫特］，所以我才怀疑你从前身体多摇动的习惯，不知不觉的又恢复过来，而且加强了。这个问题，我记得在第二十六（或二十七）信内和你提过，但你也至今不答复。

说到"不答复"，我又有了很多感慨。我自问：长篇累牍的给你写信，不是空唠叨，不是莫名其妙的 gossip［说长道短］，而是有好几种作用的。第一，我的确把你当作一个讨论艺术、讨论音乐的对手；第二，极想激出你一些青年人的感想，让我做父亲的得些新鲜养料，同时也可以间接传布给别的青年；第三，借通信训练你的——不但是文笔，而尤其是你的思想；第四，我想时时刻刻，随处给你做个警钟，做面"忠实的镜子"，不论在做人方面，在生活细节方面，在艺术修养方面，在演奏姿态方面。我做父亲的只想做你的影子，既要随时随地帮助你、保护你，又要不让你对这个影子觉得厌烦。但我这许多心愿，尽管我在过去的三十多封信中说了又说，你都似乎没有深刻的体会，因为你并没有适当的反应，就是说：尽量给我写信，"被动的"对我说的话或是表示赞成，或是表示异议，也很少"主动的"发表你的主张或感想——特别是从十二月以后。

你不是一个作家，从单纯的职业观点来看，固无须训练你的文笔。但除了多写之外，以你现在的环境，怎么能训练你的思想、你的理智、你的 intellect［才智］呢？而一个人思想、理智、intellect 的训练，总不能说不重要吧？多少读者来信，希望我多跟他们通信；可惜他们的程度与我相差太远，使我爱莫能助。你既然具备了足够的条件，可以和我谈各式各种的问题，也碰到我极热烈的渴望和你谈这些问题，而你偏偏很少利用！孩子，一个人往往对有在手头的东西（或是机会，或是环境，或是任何可贵的东西）不知珍惜，直到要失去了的时候再去后悔！这是人之常情，但我们不能因为是人之常情而宽恕我们自己的这种愚蠢，不想法去改正。

你不是抱着一腔热情，想为祖国、为人民服务吗？而为祖国、为人民服务是多方面的，并不限于在国外为祖国争光，也不限于用音乐去安慰人家——虽然这是你最主要的任务。我们的艺术家还需要把自己的感想、心得，时时刻刻传达给别人，让别人去作为参考的或者是批判的资料。你的将来，不光是一个演奏家，同时必须兼做教育家；所以你的思想，你的理智，更其需要训练，需要长时期的训练。我这个可怜的父亲，就在处处替你作这方面的准备，而且与其说是为你作准备，还不如说为中国音乐界作准备更贴切。孩子，一个人空有爱同胞的热情是没用的，必须用事实来使别人受到我的实质的帮助，这才是真正的道德实践。别以为我们要求你多写信是为了父母感情上的自私——其中自然也有一些，但决不是主要的。你很知道你一生受人家的帮助是应当用行动来报答的；而从多方面去锻炼自己就是为报答人家作基本准备。

…………

和你的话是谈不完的，信已经太长，妈妈怕你看得头昏脑涨，劝我结束。她觉得你不能回来一次，很遗憾。我们真是多么想念你啊！你放心，爸爸是相信你一切都很客观，冷静，对人的批评并非意气用事；但是一个有些成就的人，即使事实上不骄傲，也很容易被人认为骄傲的，（一个有些名和地位的人，就是这样的难做人！）所以在外千万谨慎，说话处处保留些。尤其双方都用一种非祖国的语言，意义轻重更易引起误会。

五月十一日

三十五号信发出后，本来预备接着再写，和你讨论两个艺术的技术问题，因为这两天忙着替你理乐谱，写信给罗忠镕，又为你冬天的皮鞋出去试尺寸（非要以我的脚去试不可），所以耽下来尚未动笔。今晨又接五月二日来信，倒使我急了。孩子，别担心，你四月二十九、三十两信写得非常彻底，你的情形都报告明白了。我们决无误会。过去接不到你的信固然是痛苦，可一旦有了你的长信，明白了底细，我们哪里还会对你有什么不快，只有同情你，可怜你补写长信，又开了通宵的"夜车"，使我们心里老大的不忍。你出国七八个月，写回来的信并没什么过火之处，偶尔有些过于相信人或是怀疑人的话，我也看得出来，也会打些小折扣。一个热情的人，尤其是青年，过火是免不了的；只要心地善良，正直，胸襟宽，能及时改正自己的判断，不固执己见，那就很好了。你不必多责备自己，只要以后多写信，让我们多了解你的情况，随时给你提提意见，那就比空自内疚、后悔挽救不了的"以往"，有意思多了。你说写信退步，我们都觉得你是进步。你分析能力比以前强多了，态度也和平得很。爸爸看文字多么严格，从文字上挑剔思想又多么认真，不会随便夸奖你的。

你回来一次的问题，我看事实上有困难。即使大使馆愿意再向国内请示，公文或电报往返，也需很长的时日，因为文化部外交部决定你的事也要作多方面的考虑。耽搁日子是不可避免的。而等到决定的时候，离联欢节已经很近，恐怕他们不大肯让你不在联欢节上参加表演，再说，便是让你回来，至早也要到六月底、七月初才能到家。而那时代表团已经快要出发，又要催你上道了。

以实际来说，你倘若为了要说明情形而回国，则大可不必，因为我已经完全明白，必要时我可以向文化部说明。倘若为了要和杰老师分手而离开一下波兰，那也并无作用。既然仍要回波学习，则调换老师是早晚的事，而早晚都得找一个说得过去的理由向杰老师作交代；换言之，你回国以后再去，仍要有个充分的借口方能离开杰老师。若这个借口，目前就想出来，则不回国也是一样。

以我们的感情来说，你一定懂得我们想见见你的心，不下于你想见见我们的心；尤其我恨不得和你长谈数日夜。可是我们不能只顾感情，我们不能不硬压着个人的愿望，而为你更远大的问题打算。

转苏学习一点，目前的确不很相宜。政府最先要考虑到邦交，你是波政府邀请去学习的，我政府正式接受之后，不上一年就调到别国，对波政府的确有不大好的印象。你是否觉得跟斯托姆卡①学 technic［技巧］还是不大可靠？我的意思，倘若 technic

---

① 波兰著名钢琴教授。

基本上有了method［方法］，彻底改过了，就是已经上了正轨，以后的technic却是看自己长时期的努力了。我想经过三四年的苦功，你的technic不见得比苏联的一般水准（不说最特出的）差到哪里。即如H.①和Smangianka［斯曼齐安卡］，前者你也说他技巧很好，后者我们亲自领教过了，的确不错。像Askenasi［阿什肯纳奇］——这等人，天生在technic方面有特殊才能，不能作为一般的水准。所以你的症结是先要有一个好的方法，有了方法，以后靠你的聪明与努力，不必愁在这方面落后，即使不能希望和Horowitz［霍洛维茨］那样高明。因为以你的个性及长处，本来不是virtuoso［以技巧精湛著称的演奏家］的一型。总结起来，你现在的确非立刻彻底改technic不可，但不一定非上苏联不可。将来倒是为了音乐，需要在苏逗留一个时期。再者，人事问题到处都有，无论哪个国家，哪个名教授，到了一个时期，你也会觉得需要更换，更换的时节一定也有许多人事上及感情上的难处。

假定杰老师下学期调华沙是绝对肯定的，那么你调换老师很容易解决。我可以写信给他，说"我的意思你留在克拉可夫比较环境安静，在华沙因为中国代表团来往很多，其他方面应酬也多，对学习不大相宜，所以总不能跟你转往华沙，觉得很遗憾，但对你过去的苦心指导，我和聪都是十二分感激"等等。（目前

---

① 即Harasiewicz［哈拉谢维兹］。

我听你的话，决不写信给他，你放心。）

假定杰老师调任华沙的事，可能不十分肯定，那么先要知道杰老师和 Sztomka ［斯托姆卡］感情如何。若他们不像 Levy ［莱维］与 Long ［朗］那样的对立，那么你可否很坦白、很诚恳的，直接向杰老师说明，大意如下：

"您过去对我的帮助，我终生不能忘记。您对古典及近代作品的理解，我尤其佩服得不得了。本来我很想跟您在这方面多多学习，无奈我在长时期的、一再的反省之下，觉得目前最急切的是要彻底的改一改我的 technic ［技巧］，我的手始终没有放松；而我深切的体会到方法不改将来很难有真正的进步；而我的年龄已经在音乐技巧上到了一个 critical age ［要紧关头］，再不打好基础，就要来不及了，所以我想暂时跟斯托姆卡先生把手的问题彻底解决。希望老师谅解，我决不是忘恩负义（ungrateful）；我的确很真诚的感谢您，以后还要回到您那儿请您指导的。"我认为一个人只要真诚，总能打动人的；即使人家一时不了解，日后仍会了解的。我这个提议，你觉得如何？因为我一生做事，总是第一坦白，第二坦白，第三还是坦白。绕圈子，躲躲闪闪，反易叫人疑心；你要手段，倒不如光明正大，实话实说，只要态度诚恳、谦卑、恭敬，无论如何人家不会对你怎么的。我的经验，和一个爱弄手段的人打交道，永远以自己的本来面目对付，他也不会用手段对付你，倒反看重你的。你不要害怕，不要羞怯，不要不好意思；但话一定要说得真诚老实。既然这是你一生的关键，就得拿出勇气来面对事实，用最光明正大的态度来应付，无须那些不必要的顾虑，而不说真话！就是在实际做的时候，要注意措辞及步骤。只要你的感情是真实的，别人一定会感觉到，不会误解的。你当然应该向杰老师表示你的确很留恋他，而且有"鱼与熊掌不可得兼"的遗憾。即使杰老师下期一定调任，最好你也现在就和他说明；因为至少六月份一个月你还可以和斯托姆卡学technic，一个月，在你是有很大出入的！

以上的话，希望你静静的想一想，多想几回。

另外你也可向Eva〔埃娃〕太太讨主意，你把实在的苦衷跟她谈一谈，征求她的意见，把你直接向杰老师说明的办法问问她。

最后，倘若你仔细考虑之后，觉得非转苏学习不能解决问题，那么只要我们的政府答应（只要政府认为在中波邦交上无影响），我也并不反对。

你考虑这许多细节的时候，必须心平气和，精神上很镇静，切勿烦躁，也切勿焦急。有问题终得想法解决，不要怕用脑筋。我历次给你写信，总是非常冷静、非常客观的。唯有冷静与客观，终能想出最好的办法。

对外国朋友固然要客气，也要阔气，但必须有分寸。像西卜太太之流，到处都有，你得提防。巴尔扎克小说中人物，不是虚造的。人的心理是：难得收到的礼，是看重的，常常得到的不但不看重，反而认为是应享的权利，临了非但不感激，倒容易生怨望。所以我特别要嘱咐你"有分寸"!

以下要谈两件艺术的技术问题:

恩德又跟了李先生学,李先生指出她不但身体动作太多,手的动作也太多,浪费精力之外,还影响到她的 technic［技巧］和 speed［速度］,以及 tone［音质］的深度。记得裘伯伯也有这个毛病,一双手老是扭来扭去。我顺便和你提一提,你不妨检查一下自己。关于身体摇摆的问题,我已经和你谈过好多次,你都没答复,下次来信务必告诉我。

其次是,有一晚我要恩德随便弹一支 Brahms［勃拉姆斯］的 *Intermezzo*［《间奏曲》］,一开场 tempo［节奏］就太慢,她一边哼唱一边坚持说不慢。后来我要她停止哼唱,只弹音乐,她弹了二句,马上笑了笑,把 tempo 加快了。由此证明,哼唱有个大缺点,容易使 tempo 不准确。哼唱是个极随意的行为,快些、慢些,吟哦起来都很有味道;弹的人一边哼一边弹,往往只听见自己哼的调子,觉得很自然很舒服,而没有留神听弹出来的音乐。我特别报告你这件小事,因为你很喜欢哼的。我的意思,看谱的时候不妨多哼,弹的时候尽量少哼,尤其在后来,一个曲子相当熟的时候,只宜于"默唱",暗中在脑筋里哼。

此外,我也跟恩德提了以下的意见:

自己弹的曲子,不宜尽弹,而常常要停下来想想,想曲子的 picture［意境,境界］,追问自己究竟要求的是怎样一个境界,这是使你明白 what you want［你所要的是什么］,而且先在脑子里推敲曲子的结构、章法、起伏、高潮、低潮等。尽弹而不想，近乎improvise［即兴表演］，弹到哪里算哪里，往往一个曲子练了二三个星期，自己还说不出哪一种弹法（interpretation）最满意，或者是有过一次最满意的 interpretation，而以后再也找不回来（这是恩德常犯的毛病）。假如照我的办法做，一定可能帮助自己的感情更明确而且稳定！

其次，到先生那儿上过课以后，不宜回来马上在琴上照先生改的就弹，而先要从头至尾细细看谱，把改的地方从整个曲子上去体会，得到一个新的 picture，再在琴上试弹，弹了二三遍，停下来再想再看谱，把老师改过以后的曲子的表达，求得一个明确的 picture。然后再在脑子里把自己原来的 picture 与老师改过以后的 picture 做个比较，然后再在琴上把两种不同的境界试弹，细细听，细细辨，究竟哪个更好，还是部分接受老师的，还是全盘接受，还是全盘不接受。不这样做，很容易"只见其小，不见其大"，光照了老师的一字一句修改，可能通篇不连贯，失去脉络，弄得支离破碎，非驴非马，既不像自己，又不像老师，把一个曲子搞得一团糟。

我曾经把上述两点问李先生觉得如何，她认为是很内行的意见，不知你觉得怎样？

你二十九信上说 Michelangeli［米开兰琪利］至少在"身如 rock［磐石］"一点上使我很向往。这是我对你的期望——最殷切的期望之一！惟其你有着狂热的感情，无穷的变化，我更希望你做到身如 rock，像统率三军的主帅一样。这用不着老师讲，只消自己注意，特别在心理上，精神上，多多修养，做到能入能出的程度。你早已是"能入"了，现在需要努力的是"能出"！那我保证你对古典及近代作品的风格及精神，都能掌握得很好。

你来信批评别人弹的肖邦，常说他们 cold［冷漠］。我因此又想起了以前的念头：欧洲自从十九世纪，浪漫主义在文学艺术各方面到了高潮以后，先来一个写实主义与自然主义的反动（光指文学与造型艺术言），接着在二十世纪前后更来了一个普遍的反浪漫底克思潮。这个思潮有两个表现：一是非常重感官（sensual），在音乐上的代表是 R.Strauss［理查·施特劳斯］，在绘画上是马蒂斯；一是非常的 intellectual［理智］，近代的许多作曲家都如此，绘画上的 Picasso［毕加索］亦可归入此类。近代与现代的人一反十九世纪的思潮，另走极端，从过多的感情走到过多的 mind［理智］的路上去了。演奏家自亦不能例外。肖邦是个半古典半浪漫底克的人，所以现代青年都弹不好。反之，我们中国人既没有上一世纪像欧洲那样的浪漫底克狂潮，民族性又是颇有 olympic［奥林匹克］（希腊艺术的最高理想）精神，同时又有不太过分的浪漫底克精神，如汉魏的诗人，如李白，如杜甫（李后主算是最 romantic［浪漫底克］的一个，但比起西洋人，还是极含蓄而讲究 taste［品味，鉴赏力］的），所以我们先天的具备表达肖邦相当优越的条件。

我这个分析，你认为如何？

反过来讲，我们和欧洲真正的古典，有时倒反隔离得远一些。真正的古典是讲雍容华贵，讲 graceful［雍容］，elegant［典雅］，moderate［中庸］。但我们也极懂得 discreet［含蓄］，也极讲中庸之道，一般青年人和传统不亲切，或许不能把握这些，照理你是不难体会得深刻的。有一点也许你没有十分注意，就是欧洲的古典还多少带些宫廷气味，路易十四式的那种宫廷气味。

对近代作品，我们很难和欧洲人一样的浸入机械文明，也许不容易欣赏那种钢铁般的纯粹机械的美，那种"寒光闪闪"的 brightness［光芒］，那是纯理智、纯 mind［智性］的东西。

…………

环境安静对你的精神最要紧。做事要科学化，要彻底！我恨不得在你身边，帮你解决并安排一切物质生活，让你安心学习，节省你的精力与时间，使你在外能够事半功倍，多学些东西，多把心思花在艺术的推敲与思索上去。一个艺术家若能很科学的处理日常生活，他对他人的贡献一定更大！

五月二日来信使我很难受。好孩子，不用焦心，我决不会怨你的，要说你不配做我的儿子，那我更不配做你父亲了。只要我能帮助你一些，我就得了最大的酬报。我真是要拿我所有的知识、经验、心血，尽量给你作养料，只要你把我每封信多看几遍，好好的思索几回，竭力吸收，"身体力行"的实践，我就快乐得难以形容了。

　　我又细细想了想杰老师的问题，觉得无论如何，还是你自己和他谈为妙。他年纪这么大，人生经验这么丰富，一定会谅解你的。倒是绕圈子，不坦白，反而令人不快。西洋人一般的都喜欢直爽。但你一定要切实表示对他的感激，并且声明以后还是要回去向他学习的。

　　这件事望随时来信商讨，能早一天解决，你的技巧就可早一天彻底改造。关于一面改技巧、一面练曲子的冲突，你想过没有？如何解决？恐怕也得向 Sztomka［斯托姆卡］先生请教请教，先作准备为妥。

六月十六日

　　你现在对杰老师的看法也很对。"做人"是另外一个问题，与教学无关。对谁也不能苛求。你能继续跟杰老师上课，我很赞成，千万不要驼子摔跤，两头不着。有个博学的老师指点，总比自己摸索好，尽管他有些见解与你不同。但你还年轻，musical literature［音乐文献］的接触真是太有限了，乐理与曲体的知识又是几乎等于零，更需要虚心一些，多听听年长的，尤其是一个 scholarship［学术成就，学问修养］很高的人的意见。

　　有一点，你得时时刻刻记住：你对音乐的理解，十分之九是凭你的审美直觉；虽则靠了你的天赋与民族传统，这直觉大半是准确的，但究竟那是西洋的东西，除了直觉以外，仍需要理论方面的，逻辑方面的，史的发展方面的知识来充实；即使是你的直觉，也还要那些学识来加以证实，自己才能放心。所以便是以口味而论觉得格格不入的说法，也得采取保留态度，细细想一想，多辨别几时，再作断语。这不但对音乐为然，治一切学问都要有这个态度。所谓冷静、客观、谦虚，就是指这种实际的态度。

来信说学习主要靠 mind［头脑］，ear［听力］，及敏感，老师的帮助是有限的。这是因为你的理解力强的缘故，一般弹琴的，十分之六七以上都是要靠老师的。这一点，你在波兰同学中想必也看得很清楚。但一个有才的人也有另外一个危机，就是容易自以为是的走牛角尖。所以才气越高，越要提防，用 solid［扎扎实实］的学识来充实，用冷静与客观的批评精神，持续不断的检查自己。唯有真正能做到这一步，而且终身的做下去，才能成为一个真正的艺术家。

一扯到艺术，一扯到做学问，我的话就没有完，只怕我写得太多，你一下子来不及咂摸。

来信提到 Chopin［肖邦］的 *Berceuse*［《摇篮曲》］的表达，很有意思。以后能多写这一类的材料，最欢迎。

还要说两句有关学习的话，就是我老跟恩德说的："要有耐性，不要操之过急。越是心平气和，越有成绩。时时刻刻要承认自己是笨伯，不怕做笨功夫，那就不会期待太切，稍不进步就慌乱了。"对你，第一要紧是安排时间，多多腾出无谓的"消费时间"，我相信假如你在波兰能像在家一样，百事不打扰，每天都有七八小时在琴上，你的进步一定更快！

我译的莫扎特的论文，有些地方措辞不大妥当，望切勿"以辞害意"。尤其是说到"肉感"，实际应该这样了解："使感官觉得愉快的。"原文是等于英文的 sensual［感官上的］。

十二月九日

唯有把过去的思想包袱，一齐扔掉了，才能得到真正的精神上的和平恬静，才能真正心胸开朗的继续前进！孩子，勇敢些！别怕！别踌躇！而最要紧的是把日常生活安排得井井有条！日常生活一乱，精神决不可能平静。

华沙 Doris 照相馆已把我添印的六张相片寄到，费用跟你算过吗？贵不贵？

哥伦比亚的样片，始终未收到。据来信所说，《协奏曲》灌音如此不行，怎么能当作正式唱片发行呢？不知技术上是否有法补救，以后印正式片时可以改善？你只说了《协奏曲》与《玛祖卡》的情形，没批评到你的 Fantasy［《幻想曲》］与 Berceuse［《摇篮曲》］，希望再告诉我们。上月二十一日我又去信巴黎，问哥伦比亚为何样片迄未收到，也问他们正式片何时发行。

工作计划仔细想过没有？去南斯拉夫及捷克的节目该及早打算。哥伦比亚灌片的成绩便是一个教训，到捷克灌片，千万不能再蹈覆辙！灌片的成绩应当比演奏会上的更少缺点才对！曲子都要练得烂熟，不说越完美越好，至少也要做到毛病越少越好。青年时代最初一批的灌音，对你前途关系太大了。

找到一九五一年收集的音乐材料（即弗兰克的 *Prelude, Choral & Fugue*［《前奏、众赞歌和赋格》］，贝多芬的第四、五），另外打出来寄给你，也许对你有帮助。

请信问你的技术问题，手的问题，有便继续写下来，每天抽空写几行，一个星期也就可以写出一大堆，借此逼你整理整理思想也好。在整理自己思想的时候，往往会触动灵机，有新发现。

十二月十一日夜

你十一月二十七日信中只批评你弹的 *Mazurkas*［《玛祖卡》］，没提到其他的；是否因 *Concerto*［《协奏曲》］录音效果恶劣，根本无法下断语？ *Fantasy*［《幻想曲》］与 *Berceuse*［《摇篮曲》］两支曲子，望你再设法听一遍，写些意见来！等我们收到样片时，同时看看你的意见，以便知道你对肖邦的了解究竟是怎样的，也可知道你对自己的标准严格到什么程度。因巴黎的 Pathe Marconi 公司答应除样片外，将来再送我正式片两套；故我今天寄了一辑《敦煌画集》（大开本）去，以资酬答。昨天去买了十种理论书及学习文件，内八种都是小册子，分作两包，平信挂号寄出，约本月底可到。每次寄你的材料及书等，收到时务必在信中提明，千万勿忘，免我们挂心！

《毛选》中的《实践论》及《矛盾论》，可多看看，这是一切理论的根底。此次寄你的书中，一部分是纯理论，可以帮助你对马列主义及辩证法有深切了解。为了加强你的理智和分析能力，帮助你头脑冷静，彻底搞通马列及辩证法是一条极好的路。我本来富于科学精神，看这一类书觉得很容易体会，也很有兴趣，因为事实上我做人的作风一向就是如此的。你感情重，理智弱，意志尤其弱，亟须从这方面多下功夫。否则你将来回国以后，什么事都要格外赶不上的。

住屋及钢琴两事现已圆满解决，理应定下心来工作。倘使仍觉得心绪不宁，必定另有原因，索性花半天功夫仔细检查一下，病根何在？查清楚了才好对症下药，廓清思想。老是蒙着自己，不正视现实，不正视自己的病根，而拖泥带水，不晴不雨的糊下去，只有给你精神上更大的害处。该拿出勇气来，彻底清算一下。

廓清思想，心绪平定以后，接着就该周密考虑你的学习计划：把正规的学习和明春的灌片及南斯拉夫的演奏好好结合起来。事先多问问老师意见，不要匆促决定。决定后勿轻易更动。同时望随时来信告知这方面的情况。前信（51号）要你谈谈技巧与指法手法，与你今后的学习很有帮助：我们不是常常对自己的工作（思想方面亦然如此）需要来个"小结"吗？你给我们谈技巧，就等于你自己作小结。千万别懒洋洋的拖延！我等着。同时不要一次写完，一次写必有遗漏，一定要分几次写才写得完全；写得完全是表示你考虑得完全，回忆得清楚，思考也细致深入。你务必听我的话，照此办法做。这也是一般工作方法的极重要的一个原则。

…………

你始终太容易信任人。我素来不轻信人言，等到我告诉你什么话，必有相当根据，而你还是不大重视，轻描淡写。这样的不知警惕，对你将来是危险的！一个人妨碍别人，不一定是因为本性坏，往往是因为头脑不清，不知利害轻重。所以你在这些方面没有认清一个人的时候，切忌随口吐露心腹。一则太不考虑和你说话的对象，二则太不考虑事情所牵涉的另外一个人。（还不止一个呢！）来信提到这种事，老是含混得很。去夏你出国后，我为另一件事写信给你，要你检讨，你以心绪恶劣推掉了。其实这种作风，这种逃避现实的心理是懦夫的行为，决不是新中国的青年所应有的。你要革除小布尔乔亚根性，就要从这等地方开始革除！

别怕我责备！（这也是小布尔乔亚的懦怯。）也别怕引起我心烦，爸爸不为儿子烦心，为谁烦心？爸爸不帮助孩子，谁帮助孩子？儿子苦闷不向爸爸求救，向谁求救？你这种顾虑也是一种短视的温情主义，要不得！懦怯也罢，温情主义也罢，总之是反科学，反马列主义。为什么一个人不能反科学、反马列主义？因为要生活得好，对社会尽贡献，就需要把大大小小的事，从日常生活、感情问题，一直到学习、工作、国家大事，一贯的用科学方法、马列主义的方法，去分析，去处理。批评与自我批评所以能成为有力的武器，也就在于它能培养冷静的科学头脑，对己、对人、对事，都一视同仁，做不偏不倚的检讨。而批评与自我批评最需要的是勇气，只要存着一丝一毫懦怯的心理，批评与自我批评便永远不能做得彻底。我并非说有了自我批评（即挖自己的根），一个人就可以没有烦恼。不是的，烦恼是永久免不了的，就等于矛盾是永远消灭不了的一样。但是不能因为眼前的矛盾消灭了将来照样有新矛盾，就此不把眼前的矛盾消灭。挖了根，至少可以消灭眼前的烦恼。将来新烦恼来的时候，再去消灭新烦恼。挖一次根，至少可以减轻烦恼的严重性，减少它危害身心的可能；不挖根，老是有些思想的、意识的、感情的渣滓积在心里，久而久之，成为一个沉重的大包袱，慢慢的使你心理不健全，头脑不冷静，胸襟不开朗，创造更多的新烦恼的因素。这一点不但与马列主义的理论相合，便是与近代心理分析和精神病治疗的研究结果也相合。

至于过去的感情纠纷，时时刻刻来打扰你的缘故，也就由于你没仔细挖根。我相信你不是爱情至上主义者，而是真理至上主义者；那么你就该用这个立场去分析你的对象（不论是初恋的还是以后的），你跟她（不管是谁）在思想认识上，真理的执著上，是否一致或至少相去不远？从这个角度上去把事情解剖清楚，许多烦恼自然迎刃而解。你也该想到，热情是一朵美丽的火花，美则美矣，无奈不能持久。希望热情能永久持续，简直是愚妄；不考虑性情、品德、品格、思想等等，而单单执著于当年一段美妙的梦境，希望这梦境将来会成为现实，那么我警告你，你可能遇到悲剧的！世界上很少如火如荼的情人能成为美满的、白头偕老的夫妇的；传奇式的故事，如但丁之于裴阿脱里克斯，所以成为可哭可泣的千古艳事，就因为他们没有结合；但丁只见过几面（似乎只有一面）裴阿脱里克斯。歌德的太太克里斯丁纳是个极庸俗的女子，但歌德的艺术成就，是靠了和平宁静的夫妇生活促成的。过去的罗曼史，让它成为我们一个美丽的回忆，作为一个终生怀念的梦，我认为是最明哲的办法。老是自苦是只有消耗自己的精力，对谁都没有裨益的。孩子，以后随时来信，把苦闷告诉我，我相信还能凭一些经验安慰你呢。爸爸受的痛苦不能为儿女减除一些危险，那么爸爸的痛苦也是白受了。但希望你把苦闷的缘由写得详细些（就是要你自己先分析一个透彻），免得我空发议论，无关痛痒的对你没有帮助。好了，再见吧，多多来信，来信分析你自己就是一种发泄，而且是有益于心理卫生的发泄。爸爸还有足够的勇气担受你的苦闷，相信我吧！你也有足够的力量摆脱烦恼，有足够的勇气正视你的过去，我也相信你！

十二月二十一日晨

今年暑天，因为身体不好而停工，顺便看了不少理论书；这一回替你买理论书，我也买了许多，这几天已陆续看了三本小册子：关于辩证唯物主义的一些基本知识，批评与自我批评是苏维埃社会发展的动力，社会主义基本经济规律。感想很多，预备跟你随便谈谈。

第一个最重要的感想是：理论与实践绝对不可分离，学习必须与现实生活结合；马列主义不是抽象的哲学，而是极现实极具体的哲学；它不但是社会革命的指导理论，同时亦是人生哲学的基础。解放六年来的社会，固然有极大的进步，但还存在着不少缺点，特别在各级干部的办事方面。我常常有这么个印象，就是一般人的政治学习，完全是为学习而学习，不是为了生活而学习，不是为了应付实际斗争而学习。所以谈起理论来头头是道，什么唯物主义，什么辩证法，什么批评与自我批评等等，都能长篇大论发挥一大套；一遇到实际事情，一坐到办公桌前面，或是到了工厂里，农村里，就把一切理论忘得干干净净。学校里亦然如此；据在大学里念书的人告诉我，他们的政治讨论非常热烈，有些同学提问题提得极好，也能作出很精辟的结论；但他们对付同学，对付师长，对付学校的领导，仍是顾虑重重，一派的世故，一派的自私自利。这种学习态度，我觉得根本就是反马列主义的；为什么把最实际的科学——唯物辩证法，当作标榜的门面话和口头禅呢？为什么不能把嘴上说得天花乱坠的道理化到自己身上去，贯彻到自己的行为中、作风中去呢？

因此我的第二个感想以及以下的许多感想，都是想把马列主义的理论结合到个人修养上来。首先是马克思主义的世界观，应该使我们有极大的、百折不回的积极性与乐天精神。比如说："存在决定意识，但并不是说意识便成为可有可无的了。恰恰相反，一定的思想意识，对客观事物的发展会起很大的作用。"换句话说，就是"主观能动作用"。这便是鼓励我们对样样事情有信心的话，也就是中国人的"人定胜天"的意思。既然客观的自然规律，社会的发展规律，都可能受到人的意识的影响，为什么我们要灰心，要气馁呢？不是一切都是"事在人为"吗？一个人发觉自己有缺点，分析之下，可以归纳到遗传的根性，过去旧社会遗留下来的坏影响，潜伏在心底里的资产阶级意识、阶级本能等等；但我们因此就可以听任自己这样下去吗？若果如此，这个人不是机械唯物论者，便是个自甘堕落的没出息的东西。

第三个感想也是属于加强人的积极性的。一切事物的发展，包括自然现象在内，都是由于内在的矛盾，由于旧的腐朽的东西与新的健全的东西作斗争。这个理论可以帮助我们摆脱许多不必要的烦恼，特别是留恋过去的烦恼，与追悔以往的错误的烦恼。陶渊明就说过："觉今是而昨非"，还有一句老话，叫作："过去种种譬如昨日死，现在种种譬如今日生。"对于个人的私事与感情的波动来说，都是相近似的教训。既然一切都在变，不变就是停顿，停顿就是死亡，那么为什么老是恋念过去，自伤不已，把好好的眼前的光阴也毒害了呢？认识到世界是不断变化的，就该体会到人生亦是不断变化的，就该懂得生活应该是向前看，而不是往后看。这样，你的心胸不是廓然了吗？思想不是明朗了吗？态度不是积极了吗？

第四个感想是单纯的乐观是有害的，一味的向前看也是有危险的。古人说，"鉴往而知来"，便是教我们检查过去，为的是要以后生活得更好。否则为什么大家要作小结，作总结，左一个检查，右一个检查呢？假如不需要检讨过去，就能从今以后不重犯过去的错误，那么"我们的理性认识，通过实践加以检验与发展"这样的原则，还有什么意思？把理论到实践中去对证，去检视，再把实践提到理性认识上来与理论复核，这不就是需要分析过去吗？我前二信中提到一个人对以往的错误要作冷静的、客观的解剖，归纳出几个原则来，也就是这个道理。

第五个感想是"从感性认识到理性认识"这个原理，你这几年在音乐学习上已经体会到了。一九五一至一九五三年间，你自己摸索的时代，对音乐的理解多半是感性认识，直到后来，经过杰老师的指导，你才一步一步走上了理性认识的阶段。而你在去罗马尼亚以前的徬徨与缺乏自信，原因就在于你已经感觉到仅仅靠感性认识去理解乐曲，是不够全面的，也不够深刻的；不过那时你不得其门而入，不知道怎样才能达到理性认识，所以你苦闷。你不妨回想一下，我这个分析与事实符合不符合？所谓理性认识是"通过人的头脑，运用分析、综合、对比等等的方法，把观察到的（我再加上一句：感觉到的）现象加以研究，抛开事物的虚假现象。及其他种种非本质现象，抽出事物的本质，找出事物的来龙去脉，即事物发展的规律"这几句，倘若能到处运用，不但对学术研究有极大的帮助，而且对做人处世，也是一生受用不尽。因为这就是科学方法。而我一向主张不但做学问，弄艺术要有科学方法，做人更需要有科学方法。因为这缘故，我更主张把科学的辩证唯物论应用到实际生活上来。毛主席在《实践论》中说："我们的实践证明：感觉到了的东西，我们不能立刻理解它，只有理解了的东西才能更深刻地感觉它。"你是弄音乐的人，当然更能深切的体会这话。

第六个感想是辩证唯物论中有许多原则，你特别容易和实际结合起来体会；因为这几年你在音乐方面很用脑子，而在任何学科方面多用头脑思索的人，都特别容易把辩证唯物论的原则与实际联系。比如"事物的相互联系与相互制限"，"原因和结果有时也会相互转化，相互发生作用"，不论拿来观察你的人事关系，还是考察你的业务学习，分析你的感情问题还是检讨你的起居生活，随时随地都会得到鲜明生动的实证。我尤其想到"从量变到质变"一点，与你的音乐技术与领悟的关系非常适合。你老是抱怨技巧不够，不能表达你心中所感到的音乐；但你一朝获得你眼前所追求的技巧之后，你的音乐理解一定又会跟着起变化，从而要求更新更高的技术。说得浅近些，比如你练肖邦的练习曲或诙谐曲中某些快速的段落，常嫌速度不够。但等到你速度够了，你的音乐表现也决不是像你现在所追求的那一种了。假如我这个猜测不错，那就说明了量变可以促成质变的道理。

以上所说，在某些人看来，也许是把马克思主义庸俗化了；我却认为不是庸俗化，而是把它真正结合到现实生活中去。一个人年轻的时候，当学生的时候，倘若不把马克思主义"身体力行"，在大大小小的事情上实地运用，那么一朝到社会上去，遇到无论怎么微小的事，也运用不了一分一毫的马克思主义。所谓辩证法，所谓准确的世界观，必须到处用得烂熟，成为思想的习惯，才可以说是真正受到马克思主义的锻炼。否则我是我，主义是主义，方法是方法，始终合不到一处，学习一辈子也没用。从这个角度上看，马列主义绝对不枯索，而是非常生动、活泼、有趣的，并且能时时刻刻帮助我们解决或大或小的问题的——从身边琐事到做学问，从日常生活到分析国家大事，没有一处地方用不到。至于批评与自我批评，我前二信已说得很多，不再多谈。只要你记住两点：必须有不怕看自己丑脸的勇气，同时又要有冷静的科学家头脑，与实验室工作的态度。唯有用这两种心情，才不至于被虚伪的自尊心所蒙蔽而变成懦怯，也不至于为了以往的错误而过分灰心，消灭了痛改前非的勇气，更不至于茫然于过去错误的原因而将来重蹈覆辙。子路"闻过则喜"，曾子的"吾日三省吾身"，都是自我批评与接受批评的最好的格言。

从有关五年计划的各种文件上，我特别替你指出下面几个全国上下共同努力的目标：

增加生产，厉行节约，反对分散使用资金，坚决贯彻重点建设的方针。

你在国外求学，"厉行节约"四字也应该竭力做到。我们的家用，从上月起开始每周做决算，拿来与预算核对，看看有否超过？若有，要研究原因，下周内就得设法防止。希望你也努力，因为你音乐会收入多，花钱更容易不假思索，满不在乎。至于后两条，我建议为了你，改成这样的口号：反对分散使用精力，坚决贯彻重点学习的方针。今夏你来信说，暂时不学理论课程，专攻钢琴，以免分散精力，这是很对的。但我更希望你把这个原则再推进一步，再扩大，在生活细节方面都应用到。而在乐曲方面，尤其要时时注意。首先要集中几个作家。作家的选择事先可郑重考虑；决定以后切勿随便更改，切勿看见新的东西而手痒心痒——至多只宜作辅助性质的附带研究，而不能喧宾夺主。其次是练习的时候要安排恰当，务以最小限度的精力与时间，获得最大限度的成绩为原则。和避免分散精力连带的就是重点学习。选择作家就是重点学习的第一个步骤；第二个步骤是在选定的作家中再挑出几个最有特色的乐曲。譬如巴赫，你一定要选出几个典型的作品，代表他键盘乐曲的各个不同的面目的。这样，你以后对于每一类的曲子，可以举一反三，自动的找出路子来了。这些道理，你都和我一样的明白。我所以不惮烦琐的和你一再提及，因为我觉得你许多事都是知道了不做。学习计划，你从来没和我细谈，虽然我有好几封信问你。从现在起到明年（一九五六）暑假，你究竟决定了哪些作家，哪些作品？哪些作品作为主要的学习，哪些作为次要与辅助性质的？理由何在？这种种，无论如何希望你来信详细讨论。我屡次告诉你：多写信多讨论问题，就是多些整理思想的机会，许多感性认识可以变作理性认识。这样重要的训练，你是不能漠视的。只消你看我的信就可知道。至于你忙，我也知道；但我每个月平均写三封长信，每封平均有三千字，而你只有一封，只及我的三分之一：莫非你忙的程度，比我超过百分之二百吗？问题还在于你的心情：心情不稳定，就懒得动笔。所以我这几封信，接连的和你谈思想问题，急于要使你感情平静下来。做爸爸的不要求你什么，只要求你多写信，多写有内容有思想实质的信；为了你对爸爸的爱，难道办不到吗？我也再三告诉过你，你一边写信整理思想，一边就会发现自己有很多新观念；无论对人生，对音乐，对钢琴技巧，一定随时有新的启发，可以帮助你今后的学习。这样一举数得的事，怎么没勇气干呢？尤其你这人是缺少计划性的，多写信等于多检查自己，可以纠正你的缺点。当然，要做到"不分散精力""重点学习""多写信，多发表感想，多报告计划"，最基本的是要能抓紧时间。你该记得我的生活习惯吧？早上一起来，洗脸，吃点心，穿衣服，没一件事不是用最快的速度赶着做的；而平日工作的时间，尽量不接见客人，不出门；万一有了杂务打岔，就在晚上或星期日休息时间补足错失的工作。这些都值得你模仿。要不然，怎么能抓紧时间呢？怎么能不浪费光阴呢？如今你住的地方幽静，和克拉可夫音乐院宿舍相比，有天渊之别；你更不能辜负这个清静的环境。每天的工作与休息时间都要安排妥当，避免一切突击性的工作。你在国外，究竟不比国内常常有政治性的任务。临时性质的演奏也不会太多，而且宜尽量推辞。正式的音乐会，应该在一个月以前决定，自己早些安排练节目的日程，切勿在期前三四天内日夜不停的"赶任务"，赶出来的东西总是不够稳，不够成熟的；并且还要妨碍正规学习；事后又要筋疲力尽，仿佛人要瘫下来似的。

我说了那么多，又是你心里都有数的话，真怕你听腻了，但也真怕你不肯下决心实行。孩子，告诉我，你已经开始在这方面努力了，那我们就安慰了，高兴了。

十二月二十七日午

以音乐而论，我觉得你的《协奏曲》非常含蓄，绝无鲁宾斯坦那种感伤情调，你的情感都是内在的。第一乐章的技巧不尽完整，结尾部分似乎很显明的有些毛病。第二乐章细腻之极，touch［触键］是 delicate［精致］之极。最后一章非常 brilliant［辉煌，出色］。《摇篮曲》比颁奖音乐会上的好得多，mood［情绪］也不同，更安静。《幻想曲》全部改变了：开头的引子，好

极，沉着，庄严，贝多芬气息很重。中间那段 slow［缓慢］的
singing part［如歌片段］，以前你弹得很 tragic［悲怆］的，很
sad［伤感］的，现在是一种惆怅的情调。整个曲子像一座巍峨
的建筑，给人以厚重、扎实、条理分明、波涛汹涌而意志很热的
感觉。

李先生说你的协奏曲，左手把 rhythm［节奏］控制得稳极，
rubato［音的长短顿挫］很多，但不是书上的，也不是人家教的，
全是你心中流出来的。她说从国外回来的人常说现在弹肖邦都没
有 rubato 了，她觉得是不可能的；听了你的演奏，才证实她的怀
疑并不错。问题不是没有 rubato，而是怎样的一种 rubato。

《玛祖卡》，我听了四遍以后才开始捉摸到一些，但还不是每
支都能体会。我至此为止是能欣赏了 Op.59，No.1［作品五十九
之一］；Op.68，No.4［作品六十八之四］；Op.41，No.2［作品
四十一之二］；Op.33，No.1［作品三十三之一］。Op.68，No.4
［作品六十八之四］的开头像是几句极凄怨的哀叹。Op.41，No.2
［作品四十一之二］中间一段，几次感情欲上不上，几次悲痛冒
上来又压下去，到最后才大恸之下，痛哭出声。第一支最长的
Op.56，No.3［作品五十六之三］，因为前后变化多，还来不及把
握。阿敏却极喜欢，恩德也是的。她说这种曲子如何能学？我
认为不懂什么叫作"tone colour"［音色］的人，一辈子也休想懂
得一丝半毫，无怪几个小朋友听了无动于衷。colour sense［音色
领悟力］也是天生的。孩子，你真怪，不知你哪儿来的这点悟

性！斯拉夫民族的灵魂，居然你天生是具备的。斯克里亚宾的
Prélude［《前奏曲》］既弹得好，《玛祖卡》当然不会不好。恩德
说，这是因为中国民族性的博大，无所不包，所以什么别的民族
的东西都能体会得深刻。*Notre-Temps* No.2［《我们的时代》第二
号］好似太拖拖拉拉，节奏感不够。我们又找出鲁宾斯坦的片子
来听了，觉得他大部分都是节奏强，你大部分是诗意浓；他的音
色变化不及你的多。

一九五六年

真诚是第一把艺术的钥匙……

艺术家一定要比别人更真诚、更敏感、更虚心、更勇敢、更坚忍。

——一九五六年二月

一月四日深夜

对你的音乐成绩，真能欣赏和体会的（指周围的青年人中）只有恩德一人。她究竟聪明，这两年也很会用头脑思索。她前天拿了谱，又来听了一遍《玛祖卡》，感触更深，觉得你主要都在节奏上见功夫，表现你的诗情；说你在一句中间，前后的音符中间，有种微妙的吞吐，好像"欲开还闭"（是她说的）的一种竞争。学是绝对学不来，也学不得的，只能从总的方面领会神韵，抓住几个关键，懂得在哪些地方可以这样的伸缩一下，至于如何伸缩，那是必须以各人的个性而定的——你觉得她说得不错吗？她又说你在线条走动的时候，固然走得很舒畅，但难得的是在应该停留的地方或是重音上面能够收得住，在应该回旋的开头控制得非常好。恩德还说，你的演奏充满了你自己特有的感情，同时有每个人所感觉到的感情。这两句就是匈牙利的 Imre Ungar［伊姆雷·温加尔］说的，"处处叫人觉得是新的，但仍然是合于逻辑的。"可见能感受的艺术家，感受的能力都相差不远，问题是在于实践。恩德就是懂得那么多，而表白得出的那么少。

她随便谈到李先生教琴的种种，有一句话，我听了认为可以给你作参考。就是李先生常常埋怨恩德身子往前向键盘倾侧，说这个姿势自然而然会使人手臂紧张，力量加重，假如音乐不需要加强，你身子往前一倾，就会产生过分的效果。因为来信常常提起不能绝对放松，所以顺便告诉你这一点。还有李先生上回听了你的《玛祖卡》，马上说："我想阿聪身子是不摇动了，否则决不能控制得这样稳。"

无论你对灌片的成绩怎么看法，我绝对不会错认为你灌音的时候不郑重。去年四月初，你花了五天功夫灌这几支曲子，其认真可想而知。听说世界上灌片最疙瘩的是 Marguerite Long［玛格丽特·朗］，有一次，一个曲子直灌了八十次。还有 Toscanini［托斯卡尼尼］，常常不满意他的片子。有一回听到一套片子，说还好；一看原来就是他指挥的。

去年灌 Concerto［《协奏曲》］时，不知你前后弹了几次？是否乐队也始终陪着你常常重新来过？这二点望来信告知。我们都认为华沙乐队不行，与 solo［独奏］不够呼应紧密，倒是你的solo 常常在尽力承上启下的照顾到乐队部分。

我劝你千万不要为了技巧而烦恼，主要是常常静下心来，细细思考，发掘自己的毛病，寻找毛病的根源，然后想法对症下药，或者向别的师友讨教。烦恼只有打扰你的学习，反而把你的技巧拉下来。共产党员常常强调："克服困难"，要克服困难，先得镇定！只有多用头脑才能解决问题。同时也切勿操之过急，假如经常能有少许进步，就不要灰心，不管进步得多么少。而主要还在于内心的修养，性情的修养：我始终认为手的紧张和整个身心有关系，不能机械的把"手"孤立起来。练琴的时间必须正常化，不能少，也不能多；多了整个的人疲倦之极，只会有坏结果。要练琴时间正常，必须日常生活科学化，计划化，纪律化！假定有事出门，回来的时间必须预先肯定，在外面也切勿难为情，被人家随便多留，才能不打乱事先定好的日程。

一月二十日

昨天接一月十日来信，和另外一包节目单，高兴得很。第一，你心情转好了；第二，一个月由你来两封信，已经是十个多月没有的事了。只担心一件，一天十二小时的工作对身心压力太重。我明白你说的"十二小时绝对必要"的话，但这句话背后有一个很重要的原因：倘使你在十一、十二两月中不是常常烦恼，每天保持——不多说——六七小时的经常练琴，我断定你现在就没有一天练十二小时的"必要"。你说是不是？从这个经验中应得出一个教训：以后即使心情有波动，工作可不能松弛。平日练八小时的，在心绪不好时减成六七小时，那是可以原谅的，也不至于如何妨碍整个学习进展。超过这个尺寸，到后来势必要加紧突击，影响身心健康。往者已矣，来者可追，孩子，千万记住：下不为例！何况正规工作是驱除烦恼最有效的灵药！我只要一上桌子，什么苦闷都会暂时忘掉。

…………

我九日航挂寄出的关于肖邦的文章二十页，大概收到了吧？
其中再三提到他的诗意，与你信中的话不谋而合。那文章中引用
的波兰作家的话（见第一篇《少年时代》3—4页），还特别说明
那"诗意"的特点。又文中提及的两支 *Valse* [《圆舞曲》]，你
不妨练熟了，当作 encore piece [加奏乐曲] 用。我还想到，等
你南斯拉夫回来，应当练些 Chopin [肖邦] 的 *Prélude* [《前奏
曲》]。这在你还是一页空白呢！等我有空，再弄些材料给你，关
于 *Prélude* 的，关于肖邦的 piano method [钢琴手法] 的。

《协奏曲》第二乐章的情调，应该一点不带感伤情调，如你
来信所说，也如那篇文章所说的。你手下表现的 Chopin，的确
毫无一般的感伤成分。我相信你所了解的 Chopin 是正确的，与
Chopin 的精神很接近——当然谁也不敢说完全一致。你谈到他的
rubato [速率伸缩处理] 与音色，比喻甚精彩。这都是很好的材
料，有空随时写下来。一个人的思想，不动笔就不大会有系统；
日子久了，也就放过去了，甚至于忘了，岂不可惜！就为这个缘
故，我常常逼你多写信，这也是很重要的"理性认识"的训练。
而且我觉得你是很能写文章的，应该随时练习。

你这一行的辛苦，当然辛苦到极点。就因为这个，我屡次要
你生活正规化，学习正规化。不正规如何能持久？不持久如何能
有成绩？如何能巩固已有的成绩？以后一定要安排好，控制得
牢，万万不能"空"与"忙"调配得不匀，免得临时着急，日夜

加工的赶任务。而且作品的了解与掌握，就需要长时期的慢慢消化、咀嚼、吸收。这些你都明白得很，问题在于实践！

一月二十二日晚

今日星期，花了六小时给你弄了一些关于肖邦与德彪西的材料，关于 tempo rubato［速度的伸缩处理］的部分，你早已心领神会，不过看了这些文字更多一些引证罢了。他的 piano method［钢琴手法］，似乎与你小时候从 Paci［百器］那儿学的一套很像，恐怕是李斯特从 Chopin［肖邦］那儿学来，传给学生，再传到 Paci 的。是否与你有帮助，不得而知。

前天早上听了电台放的 Rubinstein［鲁宾斯坦］弹的 e Min. Concerto［《e 小调协奏曲》］（当然是老灌音），觉得你的批评一点不错。他的 rubato［音的长短顿挫］很不自然；第三乐章的两段（比较慢的，出现过两次，每次都有三四句，后又转到 minor［小调］的），更糟不可言。转 minor 的二小句也牵强生硬。第二乐章全无 singing［抒情流畅之感］。第一乐章纯是炫耀技巧。听了他的，才知道你弹的尽管 simple［简单］，music［音乐感］却是非常丰富的。孩子，你真行！怪不得斯曼齐安卡前年冬天在克拉可夫就说："想不到这支 Concerto［《协奏曲》］会有这许多 music！"

今天寄你的文字中，提到肖邦的音乐有"非人世的"气息，想必你早体会到；所以太沉着不行，太轻灵而客观也不行。我觉得这一点近于李白，李白尽管飘飘欲仙，却不是德彪西那一派纯粹造型与讲气氛的。

二月八日

　　早想写信给你了，这一向特别忙。连着几天开会。小组讨论后又推我代表小组发言，回家就得预备发言稿；上台念起来，普通话不行，又须事先练几遍，尽量纠正上海腔。结果昨天在大会上发言，仍不免"蓝青"①得很，不过比天舅舅他们的"蓝青"是好得多。开了会，回家还要作传达报告，我自己也有许多感想，一面和妈妈、阿敏讲，一面整理思想。北京正在开全国政协，材料天天登出来；因为上海政协同时也开会，便没时间细看。但忙里抢看到一些，北京大会上的发言，有些很精彩，提的意见很中肯。上海这次政协开会，比去年五月大会的情况也有显著进步。上届大会是歌功颂德的空话多；这一回发言的人都谈到实际问题了。这样，开会才有意义，对自己，对人民，对党都有贡献。政府又不是要人成天捧场。但是人民的进步也是政府的进步促成的。因为首长的报告有了具体内容，大家发言也跟着有具体内容了。以后我理些材料寄你。

　　二月一日来信，六日晚就到了，这样快也是破天荒第一次。

───────────

① 上海话"不地道"的意思。

去捷克录音，单录肖邦，在我们总觉得美中不足。我还是鼓励你
到那边跟他们商量一下，坚持一下，别的作品多少录一些。哪怕
单是巴赫或韩德尔①或贝多芬的一个曲子也好。希望你不要太不
好意思！不要太随便让步！他们和艺术家接触多，艺术家的意见
比较肯尊重；但若艺术家本人不坚持，那他们当然只凭他们的计
划了。

二月十三日

一般小朋友，在家自学的都犯一个大毛病：太不关心大局，
对社会主义的改造事业很冷淡。我和名强、酉三、子岐都说过几
回，不发生作用。他们只知道练琴。这样下去，少年变了老年，
与社会脱节，真正要不得。我说少年变了老年，还侮辱了老年人
呢！今日多少的老年人都很积极，头脑开通。便是宋家婆婆也是
脑子清楚得很。那般小朋友的病根，还是在于家庭教育。家长们
只看见你以前关门练琴，可万万想不到你同样关心琴以外的学问
和时局；也万万想不到我们家里的空气绝对不是单纯的，一味的
音乐，音乐，音乐的！当然，小朋友们自己的聪明和感受也大有
关系；否则，为什么许多保守顽固的家庭里照样会有精神蓬勃的
子弟呢？

---

① 亨德尔（1685—1759），巴洛克时期德国作曲家。

二月二十九日夜

昨天整理你的信，又有些感想。

关于莫扎特的话，例如说他天真、可爱、清新等等，似乎很多人懂得；但弹起来还是没有那天真、可爱、清新的味儿。这道理，我觉得是"理性认识"与"感情深入"的分别。感性认识固然是初步印象，是大概的认识；理性认识是深入一步，了解到本质。但是艺术的领会，还不能以此为限。必须再深入进去，把理性所认识的，用心灵去体会，才能使原作者的悲欢喜怒化为你自己的悲欢喜怒，使原作者每一根神经的震颤都在你的神经上引起反响。否则即使道理说了一大堆，仍然是隔了一层。一般艺术家的偏于 intellectual［理智］，偏于 cold［冷静］，就因为他们停留在理性认识的阶段上。

比如你自己，过去你未尝不知道莫扎特的特色，但你对他并没发生真正的共鸣；感之不深，自然爱之不切了；爱之不切，弹出来当然也不够味儿；而越是不够味儿，越是引不起你兴趣。如此循环下去，你对一个作家当然无从深入。

这一回可不然，你的确和莫扎特起了共鸣，你的脉搏跟他的脉搏一致了，你的心跳和他的同一节奏了；你活在他的身上，他也活在你身上；你自己与他的共同点被你找出来了，抓住了，所以你才会这样欣赏他，理解他。

由此得到一个结论：艺术不但不能限于感性认识，还不能限于理性认识，必须要进行第三步的感情深入。换言之，艺术家最需要的，除了理智以外，还有一个"爱"字！所谓赤子之心，不但指纯洁无邪，指清新，而且还指爱！法文里有句话叫作"伟大的心"，意思就是"爱"。这"伟大的心"几个字，真有意义。而且这个爱绝不是庸俗的，婆婆妈妈的感情，而是热烈的、真诚的、洁白的、高尚的、如火如荼的、忘我的爱。

从这个理论出发，许多人弹不好东西的原因都可以明白了。光有理性而没有感情，固然不能表达音乐；有了一般的感情而不是那种火热的同时又是高尚、精练的感情，还是要流于庸俗；所谓 sentimental［滥情，伤感］，我觉得就是指的这种庸俗的感情。

一切伟大的艺术家（不论是作曲家，是文学家，是画家……）必然兼有独特的个性与普遍的人间性。我们只要能发掘自己心中的人间性，就找到了与艺术家沟通的桥梁。再若能细心揣摩，把他独特的个性也体味出来，那就能把一件艺术品整个儿了解了。当然不可能和原作者的理解与感受完全一样，了解的多少、深浅、广狭，还是大有出入；而我们自己的个性也在中间发生不小的作用。

大多数从事艺术的人，缺少真诚。因为不够真诚，一切都在嘴里随便说说，当作唬人的幌子，装自己的门面，实际只是拾人牙慧，并非真有所感。所以他们对作家决不能深入体会，先是对自己就没有深入分析过。这个意思，克利斯朵夫（在第二册内）

105

也好像说过的。

真诚是第一把艺术的钥匙。知之为知之，不知为不知。真诚的"不懂"，比不真诚的"懂"，还叫人好受些。最可厌的莫如自以为是，自作解人。有了真诚，才会有虚心，有了虚心，才肯丢开自己去了解别人，也才能放下虚伪的自尊心去了解自己。建筑在了解自己了解别人上面的爱，才不是盲目的爱。

而真诚是需要长时期从小培养的。社会上，家庭里，太多的教训使我们不敢真诚，真诚是需要很大的勇气作后盾的。所以做艺术家先要学做人。艺术家一定要比别人更真诚，更敏感，更虚心，更勇敢，更坚忍，总而言之，要比任何人都 less imperfect［较少不完美之处］！

好像世界上公认有个现象：一个音乐家（指演奏家）大多只能限于演奏某几个作曲家的作品。其实这种人只能称为演奏家而不是艺术家。因为他们的胸襟不够宽广，容受不了广大的艺术天地，接受不了变化无穷的形与色。假如一个人永远能开垦自己心中的园地，了解任何艺术品都不应该有问题的。

有件小事要和你谈谈。你写信封为什么老是这么不 neat［干净］？日常琐事要做得 neat，等于弹琴要讲究干净是一样的。我始终认为做人的作风应当是一致的，否则就是不调和；而从事艺术的人应当最恨不调和。我这回附上一小方纸，还比你用的信封小一些，照样能写得很宽绰。你能不能注意一下呢？以此类推，一切小事养成这种 neat 的习惯，对你的艺术无形中也有好处。因为无论如何细小不足道的事，都反映出一个人的意识与性情。修改小习惯，就等于修改自己的意识与性情。所谓学习，不一定限于书本或是某种技术；否则"随时随地都该学习"这句话，又怎么讲呢？我想你每次接到我的信，连寄书谱的大包，总该有个印象，觉得我的字都写得整整齐齐、清楚明白吧！

四月二十九日

很奇怪你四月十八日写的信，内容很重要，为何隔了三天才寄呢？邮戳是四月二十一日，到上海是二十八日，路上倒很快；你自己为什么耽误呢？节目单、招贴、明信片等等都没到。过去你也是用航空寄的，怎么此次信到了一天多，那些东西还没到呢？

你信上第一段，很可作为一篇通讯，我想抄下来寄给《中国青年》半月刊。可惜内容还是不够些；例如南国风光，还要写得具体些；与当地人士及艺术家的接触也要多写些才好。你能再补些材料来？第一次在 Belgrade［贝尔格莱德］弹两支协奏曲中的肖邦协奏曲是 e min.［e 小调］还是 f min.［f 小调］？望告知！

⋯⋯⋯⋯⋯

你有这么坚强的斗争性，我很高兴。但切勿急躁，妨碍目前的学习。以后要多注意：坚持真理的时候必须注意讲话的方式、态度、语气、声调。要做到越有理由，态度越缓和，声音越柔和。坚持真理原是一件艰巨的斗争，也是教育工作，需要好的方法、方式、手段，还有是耐心。万万不能动火，令人误会。这些修养很不容易，我自己也还离得远呢。但你可趁早努力学习！

经历一次磨折，一定要在思想上提高一步。以后在作风上也要改善一步。这样才不冤枉。一个人吃苦碰钉子都不要紧，只要吸取教训，所谓人生或社会的教育就是这么回事。你多看看文艺创作上所描写的一些优秀党员，就有那种了不起的耐性，肯一再的细致的说服人，从不动火，从不强迫命令。这是真正的好榜样。而且存了这种心思，你也不会再烦恼；而会把斗争当作日常工作一样了。要坚持，要贯彻，但是也要忍耐！

五月十五日上午

五月八日我们到了杭州，住大华饭店。那在解放前算是杭州最好的旅馆之一，靠在湖滨，不用出门就能玩赏西湖景色。现在是公家的招待所，高级干部和外宾都住这儿。但居住的条件不很好，侍应人员晚间也不知低声谈话。倒是吃的饭又便宜又精美。十日清早六点从杭出发，公路车到下午五点半抵屯溪，过宿。十一日晨六点半离屯溪，十时许抵黄山脚下的汤口站。步行一小时到温泉。这是山上的中心据点，好比牯岭之于庐山；不过温泉地势低，只有九百英寸高度。二十年前我们在黄山住一个月，就是在这个地方。此次却是来得不巧。温泉一带正在大建设，宾馆没有造好；原有的招待所，下面也在重砌温泉浴池。到处是沙土、洋灰；四五百工人的工作声，吵得人头昏脑胀。我们在杭州一点不知道这种情形。胡乱住了一夜，第二天（十二日）就乘轿登山，下午二时抵文殊院，这是位于天都峰下的玉屏峰顶，高四千余英尺。住在"玉屏楼"（新建的招待所）上，右望莲花峰，左望天都峰（黄山两大最高峰），形势雄奇壮伟。可惜上午走在路上还有太阳，下午到了目的地，就是弥天云雾，什么都看不到了。十三日清晨，有晴朗模样，六时许起来赶拍了几张照，八时许动身下莲花沟，十时登莲花峰。妈妈由向导搀扶之下，居然也到了峰顶。路虽不及天都之险，但有些地方也够惊心动魄的了。若遇晴空万里，可远望九华山，或许还能见到庐山。那天上了峰顶，又是浓雾，等了半小时仍是白茫茫一片，一无所见。不得已下峰，过百步云梯，鳌鱼背，十二时抵光明顶，忽然太阳从云际露面，居然看到了天都莲花二峰对峙的胜景。两峰同时并列在眼前的景致，只有在光明顶上可看到；二十年前我们过光明顶却是一片云雾。别的事情，我都不大信运气，惟有游山玩水，真要碰机会：上次看得见的，这次偏看不见；上次看不到的，这回却见到了。可是从没有每次都能欣赏同样的美景的。下午一时抵狮子林，不一会又是遍山遍谷的白雾，所以狮子林附近的西海门与始信峰，都没有能去游玩。妈妈走了两天，脚肿得很，脸也虚肿得厉害。虽是我们都有轿子，但山坡陡峭处都得自己步行。所以两天之中上下坡路都走了不少。妈妈平日在上海比我能走路，一出门却远不如我了。一则她心脏不大好，到了相当高的山上，就容易疲累；脸与脚的虚肿都是心脏的表现。二则心情不同：我在上海，便急于干完事情回家，走路不耐烦，所以容易累；出门游山，我兴致特别高，也就不大觉得路太长太陡了。

十三日夜宿狮子林，遇《人民画报》记者丁一先生。他是留德的，少年时就喜欢摄影。中年参加了革命，做地下工作。这次来是拍黄山彩色风景照片的。他与庞伯伯夫妇、郁风等都熟。我们谈了许多艺术方面的问题。他很博，见解也不俗；国内水平落后的许多措施，他也批评得很多。对于绘画、电影等等一味重思想、轻艺术的倾向，他不胜愤愤，说中央已经注意这些，周总理也要大家竭力结合政治与艺术；但是人才寥落，一时还难以办到。十四日晨七时离狮子林去松谷庵，九时许下雨，九时三刻到目的地。从那时到此时我写信的时候，雨一直没停过，闷坐在松谷庵的小客座中，无聊透了。附近的风景，一处也不能去玩。看样子，这阵雨还不会就停，真是焦急。因为六个轿工，一个挑夫，一个向导，跟着我们，不出去玩也要每人每日贴一元伙食。多留一天就多一天空开支。山上正值采茶季节，大家都忙。且山顶上临时找不到轿夫，不能到了一处把轿工挑子打发走。我本打算在狮子林住几天，把未完成的一篇文字写完，可是等到要下山，就没法叫山下温泉地区的轿夫（山上只有那里有轿子）到山顶来接我们。所以一到黄山，弄清了这种情形，就改变计划，决定只游山，游完就走。不料天公不作美，一天一夜大雨不止，八个工人跟着我们，照样要花钱，真是赔了夫人又折兵，急坏了人。一天每顶轿要八元四角，两顶轿就是十六元八角；挑夫与向导每人每日二元五角，一天总开支就得二十一元八角。自己吃的饭与住的房，开支还在外。山上住的条件还不差，就是厕所设备不好，都在露天，而且不干净；下了雨更是苦事。吃在黄山，素来清苦。菜蔬是山上种不出的，有的也是又瘦又小，品种又少，餐餐都有炒蛋与蛋汤，真是倒胃口。

温泉地区新建的房子，都是红红绿绿的宫殿式，与自然环境不调和。柱子的朱红漆也红得"乡气"，画栋雕梁全是骗人眼目的东西。大柱子又粗又高，底下的石基却薄得很。吾国的建筑师毫无美术修养，公家又缺少内行，审定图样也不知道美丑的标准。花了大钱，一点也不美观。内部房间分配也设计得不好。跟庐山的房屋比起来，真是相差天壤了。他们只求大，漂亮；结果是大而无当，恶俗不堪。黄山管理处对游客一向很照顾，但对轿子问题就没有解决得好，以致来的人除非身强力壮，能自己从头至尾步行的以外，都不得不花很大的一笔钱——尤其在调到天雨的时候。总而言之，到处都是问题，到处都缺乏人才。虽有一百二十分的心想把事情做好，限于见识能力，仍是做不好。例如杭州大华饭店的餐厅，台布就不干净，给外宾看了岂不有失体面？那边到处灰土很多，摆的东西都不登大雅，工作人员为数极少，又没受过训练；如何办得好！我们在那边时，正值五一观礼的外宾从北京到上海，一批一批往杭州游览，房间都住满了。

这封信虽写好，一时也无法寄出。要等天晴回狮子林，过一夜后方能下至温泉，温泉还要住一夜，才能到汤口去搭车至屯溪，屯溪又要住一夜，方能搭车去杭州。交通比抗战以前反而不方便。从前从杭州到黄山只要一天，现在要二天。车票也特别难买。他们只顾在山中建设，不知把对外交通改善。

五月二十四日下午

一回家就看到你本月九日的信，及杰老师十五日信。今天又收到你十五日信（邮戳是十七），我急急忙忙把杰老师的信打字抄了三份，又译成中文，也是一式三份；又附了我的意见，一齐寄给文化部去，与此信同时付邮。

我完全赞同你参加莫扎特比赛：第一因为你有把握，第二因为不须你太费力练 technic［技巧］，第三节目不太重，且在暑期中，不妨碍学习。

至于音乐院要你弄理论，我也赞成。我一向就觉得你在乐理方面太落后，就此突击一下也好。只担心科目多，你一下子来不及；则分做两年完成也可以。因为你波兰文的阅读能力恐怕有问题，容易误解课本的意义。目前最要紧的是时间安排得好：事情越忙，越需要掌握时间，要有规律，要处处经济；同时又不能妨碍身心健康。

Paci［百器］送的旧日本谱上的符号，早由妈妈抄在另一本上。今晨也寄给你了。

作品四五六号的《降 B 大调钢琴协奏曲》，遍查各出版商目录都没有，又是一支冷门曲子吧？我今日就去信勃隆斯丹去找，直接寄你。

回家以后，马上就紧张了。来信堆了半桌子，都要处理。为你的事情已经费去了一个上午，整整五个小时，故暂不多写，先复这几句，让你心安。

杰老师信中对你莫扎特的表达估价很高，说你发见了一些前人未发现的美。你得加倍钻研，才能不负他的谆谆厚望！

六月十四日下午

五月三十一日寄给你夏衍先生的信，想必收到了吧？他说的话的确值得你深思。一个人太顺利，很容易于不知不觉间忘形的。我自己这次出门，因为被称为模范组长，心中常常浮起一种得意的感觉，猛然发觉了，便立刻压下去。但这样的情形出现过不止一次。可见一个人对自己的斗争是一刻也放松不得的。至于报道国外政治情况等等，你不必顾虑。那是夏先生过于小心。《波兰新闻》（波大使馆每周寄我的）上把最近他们领导人物的调动及为何调动的理由都说明了。可见这不是秘密。

今天急急写这封信，为的是要问你需要什么东西。史大正下月中旬出国到波兰学习，他来信问我要带东西给你吗？望你细细想一想，赶速来信，只要写好就寄，也许还来得及。

勃隆斯丹太太有没有乐谱寄你？收到时务必来信，把名称告知。黄文友回信说，礼服衬衫已于四月底带到华沙。是否确实，亦望告知。

你的学习问题是否已完全肯定？杰老师收到了我的复信没有？他认为你一年之内能赶完那么多的理论课吗？近来你在technic［技巧］有什么进步？都望细谈。别忘了我前信提的话，一年来不及，就分两年读。上月底又寄出音乐理论书一包，普罗科非耶夫 *Sonatas*［《奏鸣曲集》］一册，收到否？

看到内地的建设突飞猛进，自己更觉得惭愧，总嫌花的力量比不上他们，贡献也比不上他们，只有抓紧时间拼下去。从黄山回来以后，每天都能七时余起床，晚上依旧十一时后睡觉。这样可以腾出更多的时间。因为出门了一次，上床不必一小时、半小时的睡不着，所以既能起早，也能睡晚，我很高兴。

你有许多毛病像我，比如急躁情绪，我至今不能改掉多少；我真着急，把这个不易革除的脾气传染给了你。你得常常想到我在家里的"自我批评"，也许可以帮助你提高警惕。

七月一日晚

五个星期没接到信，有点焦急。首先想到你是否太累而病了。今日接二十五日来信，心里的石头才算放下。

这一晌我忙得不可开交。一出门，家里就积起一大堆公事私事。近来两部稿子的校样把我们两人逼得整天的赶。一部书还是一年二个月以前送出的，到现在才送校，和第二部书挤在一起。政协有些座谈会不能不去，因为我的确有意见发表。好些会议我都不参加，否则只好停工、脱产了。人代大会在北京开会，报上的文件及代表的发言都是极有意思的材料，非抽空细读不可；结果还有一大半没有过目。陆定一关于"百花齐放、百家争鸣"的报告很重要，已于二十九日寄你一份。届时望你至少看两遍。我们真是进入了原子时代，tempo［节奏］快得大家追不上。需要做、写、看、听、谈的东西实在太多了。政协竭力希望我们反映意见，而反映意见就得仔细了解情形，和朋友商量、讨论、收集材料。

是否参加莫扎特比赛，三天前我又去信追问，一有消息，立即通知你。来信说的南斯拉夫新闻记者关于宗教问题事，令我想起《约翰·克利斯朵夫》中的事。记者老是这个作风，把自己的话放在别人嘴里。因为当初我的确是吓了一大跳的：怎么你会在南国发表如此大胆的言论呢？不管怎样，以后更要处处小心。

…………

普罗科菲耶夫的《第一协奏曲》，勃隆斯丹说本月中可以寄出，是加拿大当地的乐谱商向别处去定的，所以时间长一些。你要准备秋天的国际近代音乐节，为什么不把手头现有的 Ravel［拉威尔］的两支协奏曲准备起来呢？我们做事一定要顾到客观环境，不能老凭主观。手头的东西不练，要练的都不是一时能到手的；岂不白白耽误了时间？——这一点望下次来信提及！

为了争取时间，我提议你想法借一份普罗科菲耶夫的《第一协奏曲》先练起来，不要老是空等。

已有的英文本乐理及音乐史，也该抽空——但要加紧——看起来，免得当真要学习时逼得太紧。希望一切学习都有计划的及早准备，不要专门的一味的单想着练琴。平均发展仍旧是你主要的学习方针。

七月二十九日

上次我告诉你政府决定不参加 Mozart［莫扎特］比赛，想必你不致闹什么情绪的。这是客观条件限制。练的东西，艺术上的体会与修养始终是自己得到的。早一日露面，晚一日露面，对真正的艺术修养并无关系。希望你能目光远大，胸襟开朗，我给你受的教育，从小就注意这些地方。身外之名，只是为社会上一般人所追求、惊叹，对个人本身的渺小与伟大都没有相干。孔子说的"富贵于我如浮云"，现代的"名"也属于精神上"富贵"之列。

八月二十二日午

昨夜十一时许,音乐周办事处一位姓许的打长途电话来,说你二十五日后还有一场演出,日期未定,大概要排到下月内。他约我们到北京与你相会。我事情多,怎能分身?我便写了封信给夏衍先生,说明:一、你十月十五日以前要向华沙报到的;二、你回上海后也要准备演出,工作紧张,休息不了几天;三、你回来有许多关于音乐、艺术、政治问题与我谈,这些都非短时期能谈出头绪;四、从今春起你就希望能回国一次;我因顾到留学生制度,并为节省国家的钱——来回旅费——从未向中央提出;今既蒙主动给予休假,希望能让你多几天真正的休假。若果如此,我们更感谢政府;五、在京音乐周既参加过了,又已有数次演出,与群众交流也已充分,可不必在京多留时日。结论是要求他大力照顾,与有关方面说明情形,让你二十五日后即回家。

今天早上又发了一个电报给夏部长。(电文如下:恳大力照顾,令聪过二十五日后即回家。)

…………

孩子,我们真急着等你回家!

敏二十五日离沪,是专车,但是特别慢车,要四十八小时至五十四小时才能到京。大概二十八日中午必可到校了。外交学院听说在阜成门外苏联展览馆路。也许你还能在京看到他;也许在路上交错，要等你十月初回京时见到他了。

　　匆匆祝你早归！

十月三日晨

　　你回来了，又走了；许多新的工作、新的忙碌、新的变化等着你，你是不会感到寂寞的；我们却是静下来，慢慢的恢复我们单调的生活，和才过去的欢会与忙乱对比之下，不免一片空虚——昨儿整整一天若有所失。孩子，你一天天的在进步，在发展：这两年来你对人生和艺术的理解又跨了一大步，我愈来愈爱你了，除了因为你是我们身上的血肉所化出来的而爱你以外，还因为你有如此焕发的才华而爱你：正因为我爱一切的才华，爱一切的艺术品，所以我也把你当作一般的才华（离开骨肉关系），当作一件珍贵的艺术品而爱你。你得千万爱护自己，爱护我们所珍视的艺术品！遇到任何一件出入重大的事，你得想到我们——连你自己在内——对艺术的爱！不是说你应当时时刻刻想到自己了不起，而是说你应当从客观的角度重视自己：你的将来对中国音乐的前途有那么重大的关系，你每走一步，无形中都对整个民族艺术的发展有影响，所以你更应当战战兢兢，郑重将事！随时随地要准备牺牲目前的感情，为了更大的感情——对艺术对祖国的感情。你用在理解乐曲方面的理智，希望能普遍的应用到一切方面，特别是用在个人的感情方面。我的园丁工作已经做了一大半，还有一大半要你自己来做的了。爸爸已经进入人生的秋季，许多地方都要逐渐落在你们年轻人的后面，能够帮你的忙将要越来越减少；一切要靠你自己努力，靠你自己警惕，自己鞭策。你说到技巧要理论与实践结合，但愿你能把这句话用在人生的实践上去；那么你这朵花一定能开得更美，更丰满，更有力，更长久！

谈了一个多月的话，好像只跟你谈了一个开场白。我跟你是永远谈不完的，正如一个人对自己的独白是终身不会完的。你跟我两人的思想和感情，不正是我自己的思想和感情吗？清清楚楚的，我跟你的讨论与争辩，常常就是我跟自己的讨论与争辩。父子之间能有这种境界，也是人生莫大的幸福。除了外界的原因没有能使你把假期过得像个假期以外，连我也给你一些小小的不愉快，破坏了你回家前的对家庭的期望。我心中始终对你抱着歉意。但愿你这次给我的教育（就是说从和你相处而反映出我的缺点）能对我今后发生作用，把我自己继续改造。尽管人生那么无情，我们本人还是应当把自己尽量改好，少给人一些痛苦，多给人一些快乐。说来说去，我仍抱着"宁天下人负我，毋我负天下人"的心愿。我相信你也是这样的。

这几日你跟马先生一定谈得非常兴奋。能有一个师友之间的人和你推心置腹，也是难得的幸运。孩子，你不是得承认命运毕竟是宠爱我们的吗？

十月十日深夜—十一日下午

这两天开始恢复工作；一面也补看文件，读完了刘少奇同志在"八大"的报告，颇有些感想，觉得你跟我有些地方还是不够顾到群众，不会用适当的方法去接近、去启发群众。希望你静下来把这次回来的经过细想一想，可以得出许多有益的结论。尤其是我急躁的脾气，应当作为一面镜子，随时使你警惕。感情问题，务必要自己把握住，要坚定，要从大处远处着眼，要顾全局，不要单纯的逞一时之情，要极冷静，要顾到几个人的幸福，短视的软心往往会对人对己造成长时期的不必要的痛苦！孩子，这些话千万记住。爸爸妈妈最不放心的就是这些。

十月十日深夜

说到骄傲，我细细分析之下，觉得你对人不够圆通固然是一个原因，人家见了你有自卑感也是一个原因，而你有时说话太直更是一个主要原因。例如你初见恩德，听了她弹琴，你说她简直不知所云。这说话方式当然有问题。倘能细细分析她的毛病，而不先用大帽子当头一压，听的人不是更好受些吗？有一夜快十点多了，你还要练琴，她劝你明天再练，你回答说：像你那样，我还会有成绩吗？对待人家的好意，用反批评的办法，自然不行。妈妈要你加衣，要你吃肉，你也常用这一类口吻。你惯了，不觉得；但恩德究不是亲姐妹，便是亲姐妹，有时也吃不消。这些毛病，我自己也常犯，但愿与你共勉之！从这些小事情上推而广之，你我无意之间伤害人的事一定不大少，也难怪别人都说我们骄傲了。我平心静气思索以后，有此感想，不知你以为如何？

留波学习问题，且待过了明年再商量。那时以前我一定会去北京，和首长们当面协商。主要是你能把理论课早日赶完，跟杰老师多学些东西。照我前一晌提议的，每个作家挑一二代表作，彻底研究，排好日程，这一二年内非完成不可。

平日仍望坚持牛奶、鸡子、牛油。无论如何，营养第一，休息睡眠第一。为了艺术，样样要多克制自己！再过二年的使徒生活，战战兢兢的应付一切。人越有名，不骄傲别人也会有骄傲之感：这也是常情；故我们自己更要谦和有礼！

十月十一日下午

一九五七年

无论如何细小不足道的事，都反映出一个人的意识与性情。修改小习惯，就等于修改自己的意识与性情。

——一九五六年二月

二月二十四日

上海这个冬天特别冷，阴历新年又下了大雪，几天不融。我们的猫冻死了，因为没有给它预备一个暖和的窠。它平时特别亲近人，死了叫人痛惜，半个月来我时时刻刻都在想起，可怜的小动物，被我们粗心大意，送了命。

我自己闹咳嗽，夜里上了床就来剧烈咳呛，前后五六天，苦得很。吃了十多贴中药，现在痊愈了。

你的身体怎样？精神如何？我前信说的话，千万记住，要实践！睡眠要充足，牛油牛奶多吃，就当作药吧！我们最挂念的就是你的健康：不生病不算，还要你强壮。这冬天你咳嗽吗？有机会查身体一定要查。最好拍一张 X 光照片。

理论课开始没有？情况如何？波兰文非弄通不可。越是工作多，越是需要把时间安排恰当！你的节目单迄未收到，四个多星期了，近来邮政真不行。前信问你的存款数目等等，务望答复。

我修改巴尔扎克初译稿，改得很苦，比第一遍更费功夫。不多写了，望多多保重！并代我向杰老师问好！

三月十七日夜

三月二日接电话，上海市委要我参加中共中央全国宣传工作会议，四日动身，五日晚抵京。六日上午在怀仁堂听毛主席报告的录音，下午开小组会，开了两天地方小组会，再开专业小组会，我参加了文学组。天天讨论，发言。十一日全天大会发言，十二日下午大会发言，从五点起毛主席又亲自来讲一次话，讲到六点五十分。十三日下午陆定一同志又作总结，宣告会议结束。此次会议，是党内会议，党外人一起参加是破天荒第一次。毛主席每天分别召见各专业小组的部分代表谈话，每晚召各小组召集人向他汇报，性质重要可想而知。主要是因为"百家争鸣"不开展，教条主义顽抗，故主席在最高国务会议讲过话，立即由中宣部电召全国各省市委（宣传文教）领导及党内外高教、科学、文艺、新闻出版的代表人士来京开"全国宣传工作会议"。上海一共来了四十五人（全国一共来三百六十人），北京（即中央的）有三四百人，总数是七百余人。上海代表中，以文艺界为最多，美术音乐只各占一人。高教界也来了不少。我们党外人士大都畅所欲言，毫无顾忌，倒是党内人还有些胆小。大家收获很大，我预备在下一封信内细谈。

我在会议内及会议后，老是忙得不可开交。七年不来京，老朋友都想我，一见面又是长谈，并且不止谈一次。庞伯伯、马先生、钱伯伯、姜椿芳、陈冰夷等都见了二三次，楼伯伯见面更多。周巍峙、王昆两位也见了两三回。夏部长、刘部长、周扬部长都约我去长谈。故此信不能一口气写，先寄上毛主席第一、二次讲话记录摘要，是照我笔记本上整理出来的。因是党的会议，报上不公布的，所有文件都披露，只能由我向你传达。但连日朋友请吃饭，故除了开会，就是东奔西跑，跟你在京情况差不多。我决定十九日回沪，二十日夜到家。明天是否能抽空再写别的报告，当无把握。译文社要我明天下午去谈谈（向编辑同志）翻译问题。

三月十七日夜十一时于北京新侨饭店

大会及小组讨论主要是"人民内部矛盾问题""知识分子问题""百家争鸣问题"和"学生闹事问题"。并要求大家尽量提意见，并反映各地各界情况。

三月十八日深夜于北京

昨天寄了一信，附传达报告七页。兹又寄上传达报告四页。还有别的材料，回沪整理后再寄。在京实在抽不出时间来，东奔西跑，即使有车，也很累。这两次的信都硬撑着写的。

毛主席的讲话，那种口吻，音调，特别亲切平易，极富于幽默感；而且没有教训口气，速度恰当，间以适当的 pause〔停顿〕，笔记无法传达。他的马克思主义是到了化境的，随手拈来，都成妙谛，出之以极自然的态度，无形中渗透听众的心。讲话的逻辑都是隐而不露，真是艺术高手。沪上文艺界半年来有些苦闷，地方领导抓得紧，仿佛一批评机关缺点，便会煽动群众；报纸上越来越强调"肯定"，老谈一套"成绩是主要的，缺点是次要的"等等。（这话并不错，可是老挂在嘴上，就成了八股。）毛主席大概早已嗅到这股味儿，所以从一月十八日至二十六日就在全国省市委书记大会上提到百家争鸣问题，二月底的最高国务会议更明确的提出，这次三月十二日对我们的讲话，更为具体，可见他的思考也在逐渐往深处发展。他再三说人民内部矛盾如何处理对党也是一个新问题，需要与党外人士共同研究；党内党外合在一起谈，有好处；今后三五年内，每年要举行一次。他又嘱咐各省市委也要召集党外人士共同商量党内的事。他的胸襟宽大，思想自由，和我们旧知识分子没有分别，加上极灵活的运用辩证法，当然国家大事掌握得好了。毛主席是真正把古今中外的哲理融会贯通了的人。

我的感觉是百花齐放、百家争鸣确是数十年的教育事业，我们既要耐性等待，又要友好斗争；自己也要时时刻刻求进步——所谓自我改造，教条主义官僚主义，我认为主要有下列几个原因：一是阶级斗争太剧烈了，老干部经过了数十年残酷内战与革命，到今日已是中年以上，生理上即已到了衰退阶段；再加多数人身上带着病，精神更不充沛，求知与学习的劲头自然不足了。

二是阶级斗争时敌人就在面前，不积极学习战斗就得送命，个人与集体的安全利害紧接在一起；革命成功了，敌人远了，美帝与原子弹等等，近乎抽象的威胁，故不大肯积极学习社会主义建设的门道。三是革命成功，多少给老干部一些自满情绪，自命为劳苦功高，对新事物当然不大愿意屈尊去体会。四是社会发展得快，每天有多少事需要立刻决定，既没有好好学习，只有简单化，以教条主义官僚主义应付。这四点是造成官僚、主观、教条的重要因素。否则，毛主席说过"我们搞阶级斗争，并没先学好一套再来，而是边学边斗争的"；为什么建设社会主义就不能边学边建设呢？反过来，我亲眼见过中级干部从解放军复员而做园艺工作，四年功夫已成了出色的专家。佛子岭水库的总指挥也是复员军人出身，遇到工程师们各执一见，相持不下时，他出来凭马列主义和他专业的学习，下的结论，每次都很正确。可见只要年富力强，只要有自信，有毅力，死不服气的去学技术，外行变为内行也不是太难的。党内要是这样的人再多一些，官僚主义等等自会逐步减少。

毛主席的话和这次会议给我的启发很多，下次再和你谈。

从马先生处知道你近来情绪不大好，你看了上面这些话①，或许会好一些。千万别忘了我们处在大变动时代，我国如此，别国也如此。毛主席只有一个，别国没有，弯路不免多走一些，知识

---

① 此信前文内容为傅雷会上听完毛泽东讲话后的感悟。

分子不免多一些苦闷，这是势所必然，不足为怪的。苏联的失败经验省了我们许多力气；中欧各国将来也会参照我们的做法慢慢的好转。在一国留学，只能集中精力学其所长；对所在国的情形不要太忧虑，自己更不要因之而沮丧。我常常感到，真正积极、真正热情、肯为社会主义事业努力的朋友太少了，但我还是替他们打气，自己还是努力斗争。到北京来我给楼伯伯、庞伯伯、马先生打气。

自己先要锻炼得坚强，才不会被环境中的消极因素往下拖，才有剩余的精力对朋友们喊"加油加油"！你目前的学习环境真是很理想了，尽量钻研吧。室外的低气压，不去管它。你是波兰的朋友，波兰的儿子，但赤手空拳，也不能在他们的建设中帮一手。唯一报答她的办法是好好学习，把波兰老师的本领，把波兰音乐界给你的鼓励与启发带回到祖国来，在中国播一些真正对波兰友好的种子。他们的知识分子彷徨，你可不必彷徨。伟大的毛主席远远的发出万丈光芒，照着你的前路，你得不辜负他老人家的领导才好。

我也和马先生、庞伯伯细细商量过，假如改往苏联学习，一般文化界的空气也许要健全些，对你有好处；但也有一些教条主义味儿，你不一定吃得消；日子长了，你也要叫苦。他们的音乐界，一般比较属于 cold［冷静］型，什么时候能找到一个老师对你能相忍相让，容许你充分自由发展的，很难有把握。马先生认为苏联的学派与教法与你不大相合，我也同意此点。最后，改往苏联，又得在语言文字方面重起炉灶，而你现在是经不起耽搁的。周扬先生听我说了杰老师的学问，说："多学几年就多学几年吧。"（几个月前，夏部长有信给我，怕波兰动荡的环境，想让你早些回国。现在他看法又不同了。）你该记得，胜利以前的一年，我在上海集合十二三个朋友（内有宋伯伯、姜椿芳、两个裘伯伯等等），每两周聚会一次，由一个人作一个小小学术讲话；然后吃吃茶点，谈谈时局，交换消息。那个时期是我们最苦闷的时期，但我们并不消沉，而是纠集了一些朋友自己造一个健康的小天地，暂时躲一下。你现在的处境和我们那时大不相同，更无须情绪低落。我的性格的坚韧，还是值得你学习的。我的脆弱是在生活细节方面，可不在大问题上。希望你坚强，想想过去大师们的艰苦奋斗，想想克利斯朵夫那样的人物，想想莫扎特、贝多芬；挺起腰来，不随便受环境影响！别人家的垃圾，何必多看？更不必多烦心。做客应当多注意主人家的美的地方；你该像一只久饥的蜜蜂，尽量吮吸鲜花的甘露，酿成你自己的佳蜜。何况你既要学 piano［钢琴］，又要学理论，又要弄通文字，整天在艺术、学术的空气中，忙还忙不过来，怎会有时间多想邻人的家务事呢？

亲爱的孩子，听我的话吧，爸爸的一颗赤诚的心，忙着为周围的几个朋友打气，忙着管闲事，为社会主义事业尽一分极小的力，也忙着为本门的业务加工，但求自己能有寸进；当然更要为你这儿子做园丁与警卫的工作：这是我的责任，也是我的乐趣。

多多休息，吃得好，睡得好，练琴时少发泄感情（谁也不是铁打的！）。生活有规律些，自然身体会强壮，精神会饱满，一切会乐观。万一有什么低潮来，想想你的爸爸举着他一双瘦长的手臂远远的在支撑你；更想想有这样坚强的党、政府与毛主席，时时刻刻作出许多伟大的事业，发出许多伟大的言论，无形中但是有效的在鼓励你前进！平衡身心，平衡理智与感情，节制肉欲，节制感情，节制思想，对像你这样的青年是有好处的。修养是整个的，全面的；不仅在于音乐，特别在于做人——不是狭义的做人，而是包括对世界、对政局的看法与态度。二十世纪的人，生在社会主义国家之内，更需要冷静的理智，唯有经过铁一般的理智控制的感情才是健康的，才能对艺术有真正的贡献。孩子，我千言万语也说不完，我相信你一切都懂，问题只在于实践！我腰酸背疼，两眼昏花，写不下去了。我祝福你，我爱你，希望你强，更强，永远做一个强者，有一颗慈悲的心的强者！

五月二十六日

我向全国作协提出，希望你去巴黎演出时，我能一同去，在法国住上一年半载，补补课，了解一下现代研究巴尔扎克等等的情况。因为科学院一再要我把"巴尔扎克"作为我的专题研究，而我对世界上在这方面的新发展早已隔膜，非出国细细摸底不可。但作协来信，说假如我想出国，也得法国方面向我国邀

请……你不妨向杰老师提一提。我觉得和你同去有很多便利，对
你有好处，对我也有帮助；因政府外汇紧，而你去演出有报酬，
可以供给我的一部分用途。自然，我的意思是你去做短期勾留，
而我则多留一些时候。

你近来的学习进底如何？特别是理论课？望告知。

七月一日夜

今晚文化部寄来柴可夫斯基比赛手册一份，并附信说拟派你
参加，征求我们意见。我已复信，说等问过你及杰老师后再行决
定。比赛概要另纸抄寄，节目亦附上。原文是中文的，有的作家
及作品，我不知道，故只能照抄中文的。好在波兰必有俄文、波
文的，可以查看。我寄你是为你马上可看，方便一些。

关于此事，你特别要考虑下面几点：

一、国际比赛既大都以技巧为重，这次你觉得去参加合适不
合适？此点应为考虑中心！

二、全部比赛至少要弹三支柴可夫斯基的作品，你近来心情
觉得怎么样？你以前是不大喜欢他的。

三、第二轮非常吃重，其中第一、二部分合起来要弹五个大
型作品；以你现在的身体是否能支持？（当然第二轮的第二部分，
你只需要练一支新的；但总的说来，第二轮共要弹七个曲子。）

四、你的理论课再耽误三个月是否相宜？这要从你整个学习

計划来考虑。

五、不是明年，便是后年，法国可能邀请你去表演。若是明年来请，则一年中脱离两次正规学习是否相宜？学校方面会不会有意见？

以上五点望与杰老师详细商量后写信来。决定之前务必郑重，要处处想周到。

一九五八年

但我还不甘落后，还想事事、处处追上你们、了解你们，从你们那儿汲取新生命、新血液、新空气，同时也想竭力把我们的经验和冷静的理智，献给你们，做你们一支忠实的手杖！

——一九五五年四月

三月十七日晚^①

二月二十八日来信直花了十七天才到，真奇怪。来信谈及几点，兹分别就我的看法说明如下：

一、资本主义国家与我们尚未建立外交关系（便是英国与我们，虽互派代办，关系仍很微妙），向例双方文化艺术使节来往，都是由本国的民间团体出面相互邀请的。比国直接向波兰学校提出，在国际惯例上也是相当突兀的。因为你不是波兰人，而你去他国演出，究竟要由本国政府同意。去年春天法国有文化团体来沪，其中一位代表来看过我，我曾与他谈及你去法演出问题，应由他们以法中友协一类的名义，向我们对外文协或音协等提出。便是来看我的那位代表所隶属的来华文化团，也是由我们对外文协以民间团体名义请他们，而非由政府出面的。便是五六年冬法国前总理富尔来访问，也是应我国人民外交协会之邀。故文化部回示使馆的话，完全正确。你不妨向杰老师说明情况，最好由杰

---

① 傅聪二月二十八日信中谈及的事情令傅雷担忧，为此傅雷亲写书信给儿子出主意。

老师私人告诉比国，请他们以民间文艺团体名义，写信给中国对外文协或音协。

二、新民主主义国家的情形当然不同，他们是可以向当地我们的使馆提出的。倘提了几次无回音，你不妨向他们说："也许贵国的驻华使馆可以向我们外交部提出。"我觉得以你的地位这样答复人家，不至于犯什么错误。当然你也应同时说明，这是你个人的意思，究竟如何还得由他们自己考虑。这一段话你也不妨告诉杰老师，倘由杰老师方便时对保、南等国的音乐团体说明，比你自己说明更妥当。

三、苏联乐队来华访问，约你合作一事，值得仔细考虑。第一，这一下跟着他们跑，要费很多时间；中央是否允许你从头至尾和他们到处演出，临时仍会有变化。倘若回来好几个月，而只有极少时间是和苏联乐队合作，那就得事先想想清楚。第二，你的乐理、和声、波兰文的学习还落后很多，急须赶上去，没有时间可浪费。第三，即使假期内老师出门，你在波兰练曲子恐怕仍比国内快一些，集中一些；而在你目前，最主要的是争取时间多学东西，因为不管你留波时间还有多少，原则上总是所剩有限了。第四，你今年究竟算学完不学完？学校方面的理论课来得及来不及考完？——（这些总不能半途而废吧？）——倘使五月中回国了，还要赶回波兰去应考，则对你准备考试有妨碍，对试前的学习也有妨碍。

基于以上理由，我觉得你需要郑重考虑。即使中央主动要你回来一次，你也得从全面学习及来回时间等等方面想周到，向中央说明才对。末了，以后你再不能自费航空来回；为国家着想，航空票开支也太大，而火车来回对你的学习时间又有妨碍。总而言之，希望你全面想问题，要分出你目前的任务何者主要、何者次要；不要单从一个角度看问题。

我也奇怪你和杨部长①谈话时，怎么没提到学习期限问题？你学习到了什么阶段，预料什么时候可以结束，理论课何时可以考完等等，你是否都向杨部长报告？是否今年回来？倘回来，学业是否能正式结束？不结束而回国，对祖国、对波兰，总交代不过去。倘来不及结束，则杨部长是否同意延长学习期限？——这些都是与你切身关系最重大的事，来信为何只字未提？我既不明了你的实际情况，便是想向夏部长写信也无从写起。

孩子，千万记住，留学的日子无论如何是一天天的少下去了，要争取一切机会加紧学习。既然要加政治学习，平日要分去一部分时间，假期中更应利用时间钻研业务。每年回国一次，在体力、时间、金钱、学习各方面都太浪费。希望多考虑。

眼前国内形势一日千里，变化之快之大，非你意料所及；政治思想非要赶上前来不可，一落后，你将来就要吃亏的，尤其你在国外时间耽久的人，更要在思想上与国内形势密切联系。——音乐学生下乡情况，不知道。不过我觉得主要是训练培养与劳动人民的息息相关的思想感情，不在乎你能否挑多少斤泥。而且各

---

① 指当时的教育部部长杨秀峰。

人情况不同，政府安排也不同，你不必事先多空想。——上海乐队最近下厂下乡演出，照样 encore［加奏］。我们倘以为工农大众不欢迎西洋音乐，非但是主观，也是一种保守思想，说得重一些，也是脱离群众的思想。你别嫌我说话处处带政治性，这是为了你将来容易适应环境，为你在社会主义制度下过得心情愉快作准备。

我左说右说，要你加紧学波兰文，至少要能看书、写信；但你从未报告过具体进度，我很着急。这与国家派你出去的整个期望有关。当然学音乐的人不比学文学的；但若以后你不能用波兰文与老师同学通信，岂不同时使波兰朋友失望，且不说丢了国家的面子！

我身体仍未恢复，主要是神经衰弱。几个月来还是第一次写这样长的信呢。

在莫斯科录音一事，你应深深吸取教训。做人总要谦虚，成绩是大家促成的，不是你一个人的力量。思想上通了，说话态度自然少出毛病。杨部长对你的批评是极中肯的；你早一天醒悟（还要实际上改正），你的前途才早一天更有希望。

三月十七日晚

在国外遇到首长的机会，也许比国内多；谈话之前，应把自己要说的成熟考虑，有需求也要细细想过如何提才最合理——对国家对个人都合理。千万不能老是从"个人第一"出发，大忌大忌！你这次见到杨部长原是你解决学习问题的最好机会，不知你怎么提的，望告知！

一九五九年

只要是真理，是真切的教训，不管出之于父母或朋友之口，出之于熟人生人，都得接受。别因为是听腻了的，无动于衷，当作耳边风！

——一九五四年九月

三月十二日

一、对外只谈艺术，言多必失，防人利用。

二、行动慎重，有事多与老辈商量，三思而行。

三、生活节俭，用钱要计算。

四、爸爸照常工作。

十月一日

十个月来我的心绪你该想象得到；我也不想千言万语多说，以免增加你的负担。你既没有忘怀祖国，祖国也没有忘了你，始终给你留着余地，等你醒悟。我相信：祖国的大门是永远向你开着的。

好多话，妈妈已说了，我不想再重复。但我还得强调一点，就是：适量的音乐会能刺激你的艺术，提高你的水平；过多的音乐会只能麻痹你的感觉，使你的表演缺少生气与新鲜感，从而损害你的艺术。你既把艺术看得比生命还重，就该忠于艺术，尽一切可能为保持艺术的完整而奋斗。这个奋斗中目前最重要的一个项目就是：不能只考虑需要出台的一切理由，而要多考虑不宜于多出台的一切理由。其次，千万别做经理人的摇钱树！他们的一千零一个劝你出台的理由，无非是趁艺术家走红的时期多赚几文，哪里是为真正的艺术着想！一个月七八次乃至八九次音乐会实在太多了，大大的太多了！长此以往，大有成为钢琴匠，甚至奏琴的机器的危险！你的节目存底很快要告罄的；细水长流才是办法。若是在如此繁忙的出台以外，同时补充新节目，则人非钢铁，不消数月，会整个身体垮下来的。没有了青山，哪还有柴烧？何况身心过于劳累就会影响到心情，影响到对艺术的感受。这许多道理想你并非不知道，为什么不挣扎起来，跟经理人商量——必要时还得坚持——减少一半乃至一半以上的音乐会呢？我猜你会回答我：目前都已答应下来，不能取消，取消了要赔人损失等等。可是你能否把已定的音乐会一律推迟一些，中间多一些空隙呢？否则，万一临时病倒，还不是照样得取消音乐会？难道捐税和经理人的佣金真是奇重，你每次所得极微，所以非开这么多音乐会就活不了吗？来信既说已经站稳脚跟，那么一个月只登台一二次（至多三次）也不用怕你的名字冷下去。决定性的仗打过了，多打零星的不精彩的仗，除了浪费精力，报效经理人以外，毫无用处，不但毫无用处，还会因表演的不够理想而损害听众对你的印象。你如今每次登台都与国家面子有关；个人的荣辱得失事小，国家的荣辱得失事大！你既热爱祖国，这一点尤其不能忘了。为了身体，为了精神，为了艺术，为了国家的荣誉，你都不能不大大减少你的演出。为这件事，我从接信以来未能安睡，往往为此一夜数惊！

还有你的感情问题怎样了？来信一字未提，我们却一日未尝去心。我知道你的性格，也想象得到你的环境；你一向滥于用情；而即使不采主动，被人追求时也免不了虚荣心感到得意：这是人之常情，于艺术家为尤甚，因此更需警惕。你成年已久，到了二十五岁也该理性坚强一些了，单凭一时冲动的行为也该能多克制一些了。不知事实上是否如此？要找永久的伴侣，也得多用理智考虑勿被感情蒙蔽！情人的眼光一结婚就会变，变得你自己都不相信：事先要不想到这一着，必招后来的无穷痛苦。除了艺术以外，你在外做人方面就是这一点使我们操心。因为这一点也间接影响到国家民族的荣誉，英国人对男女问题的看法始终清教徒气息很重，想你也有所发觉，知道如何自爱了；自爱即所以报答父母，报答国家。

真正的艺术家，名副其实的艺术家，多半是在回想中和想象中过他的感情生活的。惟其能把感情生活升华才给人类留下这许多杰作。反复不已的、有始无终的，没有结果也不可能有结果的恋爱，只会使人变成唐·璜，使人变得轻薄，使人——至少——对爱情感觉麻痹，无形中流于玩世不恭；而你知道，玩世不恭的祸害，不说别的，先就使你的艺术颓废；假如每次都是真刀真枪，那么精力消耗太大，人寿几何，全部贡献给艺术还不够，怎容你如此浪费！歌德的《少年维特之烦恼》的故事，你总该记得吧。要是歌德没有这大智大勇，历史上也就没有歌德了。你把十五岁到现在的感情经历回想一遍，也会怅然若失了吧？也该从此换一副眼光、换一种态度、换一种心情来看待恋爱了吧？——总之，你无论在订演出合同方面，在感情方面，在政治行动方面，主要得避免"身不由主"，这是你最大的弱点。——在此举国欢腾，庆祝十年建国十年建设十年成就的时节，我写这封信的心情尤其感触万端，非笔墨所能形容。孩子，珍重，各方面珍重，千万珍重，千万自爱！

一九六○年

世界上最有力的论证莫如实际行动，最有效的教育莫如以身作则；自己做不到的事千万勿要求别人；自己也要犯的毛病先批评自己，先改自己的。

——一九六○年八月

一月十日

看到国外对你的评论很高兴。你的好几个特点已获得一致的承认和赞许，例如你的 tone［音质］，你的 touch［触键］，你对细节的认真与对完美的追求，你的理解与风格，都已受到注意。有人说莫扎特《第二十七钢琴协奏曲》（K595）［（作品五九五号）］第一乐章是 healthy［健康］，extrovert allegro［外向快板］，似乎与你的看法不同，说那一乐章健康，当然没问题，说"外向"（extrovert）恐怕未必。另一批评认为你对 K595［作品五九五号］第三乐章的表达"His［他的］（指你）sensibility is more passive than creative［敏感性是被动的，而非创造的］"，与我对你的看法也不一样。还有人说你弹肖邦的 *Ballades*［《叙事曲》］和 *Scherzo*［《诙谐曲》］中某些快的段落太快了，以致妨碍了作品的明确性。这位批评家对你三月和十月的两次肖邦都有这个说法，不知实际情形如何？从节目单的乐曲说明和一般的评论看，好像英国人对莫扎特并无特别精到的见解，也许有这种学者或艺术家而并没写文章。

…………

有几个人评论你的演奏都提到你身体瘦弱。由此可见你自己该如何保养身体，充分休息。今年夏天务必抽出一个时期去过暑假！来信说不能减少演出的理由，我很懂得，但除非为了生活所迫，下一届订合同务必比这一届合理减少一些演出。要打天下也不能急，要往长里看。养精蓄锐、精神饱满的打决定性的仗比零碎仗更有效。何况你还得学习，补充节目，注意其他方面的修养；除此之外，还要有充分的休息！

你不依靠任何政治经济背景，单凭艺术立足，这也是你对己对人对祖国的最起码而最主要的责任！当然极好，但望永远坚持下去，我相信你会坚持，不过考验你的日子还未来到。至此为止你尚未遇到逆境。真要过了贫贱日子才真正显出"贫贱不能移"！居安思危，多多锻炼你的意志吧。

八月五日

两次妈妈给你写信，我都未动笔，因为身体不好，精力不支。不病不头痛的时候本来就很少，只能抓紧时间做些工作；工作完了已筋疲力尽，无心再做旁的事。人老了当然要百病丛生，衰老只有早晚之别，绝无不来之理，你千万别为我担忧。我素来对生死看得极淡，只是鞠躬尽瘁，活一天做一天工作，到有一天死神来叫我放下笔杆的时候才休息。如是而已。弄艺术的人总不免有烦恼，尤其是旧知识分子处在这样一个大时代。你虽然年轻，但是从我这儿沾染的旧知识分子的缺点也着实不少。但你四五年来来信，总说一投入工作就什么烦恼都忘了；能这样在工作中乐以忘忧，已经很不差了。我们二十四小时之内，除了吃饭睡觉总是工作的时间多，空闲的时间少；所以即使烦恼，时间也不会太久，你说是不是？不过劳逸也要调节得好：你弄音乐，神经与感情特别紧张，一年下来也该彻底休息一下。暑假里到乡下去住个十天八天，不但身心得益，便是对你的音乐感受也有好处。何况入国问禁，入境问俗，对他们的人情风俗也该体会观察。老关在伦敦，或者老是忙忙碌碌在各地奔走演出，一点不接触现实，并不相宜。见信后望立刻收拾行装，出去歇歇，即使三五天也是好的。

你近来专攻斯卡拉蒂，发现他的许多妙处，我并不奇怪。这是你喜欢韩德尔以后必然的结果。斯卡拉蒂的时代，文艺复兴在绘画与文学园地中的花朵已经开放完毕，开始转到音乐；人的思想感情正要求在另一种艺术中发泄，要求更直接刺激感官，比较更缥缈更自由的一种艺术，就是音乐，来满足它们的需要。所以当时的音乐作品特别有朝气，特别清新，正如文艺复兴前期绘画中的波提切利，而且音乐规律还不像十八世纪末叶严格，有才能的作家容易发挥性灵。何况欧洲的音乐传统，在十七世纪时还非常薄弱，不像绘画与雕塑早在古希腊就有登峰造极的造诣（雕塑在公元前六至四世纪，绘画在公元前一世纪至公元后一世纪），一片广大无边的处女地正有待于斯卡拉蒂及其以后的人去开垦。

写到这里，我想你应该常去大英博物馆，那儿的艺术宝藏可说一辈子也享受不尽；为了你总的（全面的）艺术修养，你也该多多到那里去学习。

我因为病的时候多，只能多接触艺术，除了原有的旧画以外，无意中研究起碑帖来了：现在对中国书法的变迁源流，已弄出一些眉目，对中国整个艺术史也增加了一些体会；可惜没有精神与你细谈。提到书法，忽然想起你在四月号《音乐与音乐家》杂志上的签字式，把聪字写成"聰"。须知末一笔不能往下拖长，因为行书草书，"⌒"或"ⅢⅢ"才代表"心"字，你只能写成"聰"或"聰"。末一笔可以流露一些笔锋的余波，例如"聰"或"聰"，但切不可余锋太多，变成往下拖的一只脚。望注意。

…………

身在国外，靠艺术谋生而能不奔走于权贵之门，当然使我们安慰。我相信你一定会坚持下去。这点儿傲气也是中国艺术家最优美的传统之一，值得给西方做个榜样。可是别忘了一句老话：岁寒而后知松柏之后凋；你还没经过"岁寒"的考验，还得对自己提高警惕才好！一切珍重！千万珍重！

八月二十九日

八月二十日报告的喜讯使我们心中说不出的欢喜和兴奋。你

152

在人生的旅途中踏上一个新的阶段，开始负起新的责任来，我们要祝贺你、祝福你、鼓励你。希望你拿出像对待音乐艺术一样的毅力、信心、虔诚，来学习人生艺术中最高深的一课。但愿你将来在这一门艺术中得到像你在音乐艺术中一样的成功！发生什么疑难或苦闷，随时向一两个正直而有经验的中老年人讨教，（你在伦敦已有一年八个月，也该有这样的老成的朋友吧？）深思熟虑，然后决定，切勿单凭一时冲动：只要你能做到这几点，我们也就放心了。

对终身伴侣的要求，正如对人生一切的要求一样不能太苛。事情总有正反两面：追得你太迫切了，你觉得负担重；追得不紧了，又觉得不够热烈。温柔的人有时会显得懦弱，刚强了又近乎专制。幻想多了未免不切实际，能干的管家太太又觉得俗气。只有长处没有短处的人在哪儿呢？世界上究竟有没有十全十美的人或事物呢？抚躬自问，自己又完美到什么程度呢？这一类的问题想必你考虑过不止一次。我觉得最主要的还是本质的善良，天性的温厚，开阔的胸襟。有了这三样，其他都可以逐渐培养；而且有了这三样，将来即使遇到大大小小的风波也不致变成悲剧。做艺术家的妻子比做任何人的妻子都难；你要不预先明白这一点，即使你知道"责人太严，责己太宽"，也不容易学会明哲、体贴、容忍。只要能代你解决生活琐事，同时对你的事业感到兴趣就行，对学问的钻研等等暂时不必期望过奢，还得看你们婚后的生活如何。眼前双方先学习相互的尊重、谅解、宽容。

对方把你作为她整个的世界固然很危险，但也很宝贵！你既已发觉，一定会慢慢点醒她；最好旁敲侧击而勿正面提出，还要使她感到那是为了维护她的人格独立，扩大她的世界观。倘若你已经想到奥里维的故事，不妨就把那部书叫她细读一二遍，特别要她注意那一段插曲。像雅葛丽纳那样只知道 love，love，love！〔爱，爱，爱！〕的人只是童话中人物，在现实世界中非但得不到 love，连日子都会过不下去，因为她除了 love 一无所知，一无所有，一无所爱。这样狭窄的天地哪像一个天地！这样片面的人生观哪会得到幸福！无论男女，只有把兴趣集中在事业上、学问上、艺术上，尽量抛开渺小的自我（ego），才有快活的可能，才觉得活的有意义。未经世事的少女往往会存一个荒诞的梦想，以为恋爱时期的感情的高潮也能在婚后维持下去。这是违反自然规律的妄想。古语说，"君子之交淡如水"；又有一句话说，"夫妇相敬如宾"。可见只有平静、含蓄、温和的感情方能持久；另外一句的意义是说，夫妇到后来完全是一种知己朋友的关系，也即是我们所谓的终身伴侣。未婚之前双方能深切领会到这一点，就为将来打定了最可靠的基础，免除了多少不必要的误会与痛苦。

你是以艺术为生命的人，也是把真理、正义、人格等等看作高于一切的人，也是以工作为乐的人；我用不着唠叨，想你早已把这些信念表白过，而且竭力灌输给对方的了。我只想提醒你几点：第一，世界上最有力的论证莫如实际行动，最有效的教育莫如以身作则；自己做不到的事千万勿要求别人；自己也要犯的毛病先批评自己，先改自己的。第二，永远不要忘了我教育你的时候犯的许多过严的毛病。我过去的错误要是能使你避免同样的错误，我的罪过也可以减轻几分；你受过的痛苦不再施之于他人，你也不算白白吃苦。总的来说，尽管指点别人，可不要给人"好为人师"的感觉。（你还记得巴尔扎克那个中篇吗？）奥诺丽纳的不幸一大半是咎由自取，一小部分也因为丈夫教育她的态度伤了她的自尊心。凡是童年不快乐的人都特别脆弱（也有训练得格外坚强的，但只是少数），特别敏感，你回想一下自己，就会知道对待你的爱人要如何 delicate［温柔］，如何 discreet［谨慎］了。

我相信你对爱情问题看得比以前更郑重更严肃了；就在这考验时期，希望你更加用严肃的态度对待一切，尤其要对婚后的责任先培养一种忠诚、庄严、虔敬的心情！

十月二十一日夜

从你去年开始的信，可以看出你一天天的倾向于 wisdom［智慧］和所谓希腊精神。大概中国的传统哲学和艺术理想越来越对你发生作用了。从贝多芬式的精神转到这条路在我是相当慢的，你比我缩短了许多年。原因是你的童年时代和少年时代所接触的祖国文化（诗歌、绘画、哲学）比我同时期多的多。我从小到大，样样靠自己摸，只有从年长的朋友那儿偶然得到一些启发，从来没人有意的有计划的指导过我，所以事倍功半。

十一月十三日

十月二十二日寄你和弥拉的信各一封，想你瑞典回来都看到了吧？——前天（十一月十一日）寄出法译《毛主席诗词》一册、英译关汉卿（元人）《剧作选》一册、曹禺《日出》一册、冯沅君《中国古典文学小史》一册（四册共一包都是给弥拉的）；又陈老莲《花鸟草虫册》一册，计十幅，黄宾虹墨笔山水册页五张（摄影），笺谱两套共二十张，我和妈妈放大照片二张（友人摄），共作一包：以上均挂号平寄，由苏联转，预计十二月十日前后可到伦敦。陈老莲《花鸟草虫册》还是一九五八年印的，在现有木刻水印中技术最好，作品也选的最精；其中可挑六张，连同封套及打字说明，送弥拉的爸爸，表示我们的一些心意。余四张可留存，将来装饰你的新居。黄氏作品均系原来尺寸，由专门摄影的友人代制，花了不少功夫。其他笺谱有些也可配小玻璃框悬挂。因国内纸张奇紧，印数极少，得之不易，千万勿随便送人；只有真爱真懂艺术的人才可酌送一二（指笺谱）。木刻水印在一切复制技术中最接近原作，工本浩大，望珍视之。西人送礼，尤其是艺术品，以少为贵，故弥拉爸爸送六张陈老莲已绰乎有余。这不是小气，而是合乎国外惯例，同时也顾到我们供应不易。

《敦煌壁画选》(木刻水印的一种，非石印洋纸的一种)你身边是否还有？我尚留着三集俱全的一套，你要的话可寄你。不过那是绝版了，一九三五年的东西(木刻印数有限制，后来版子坏了，不能再印)，更加名贵，你必须特别爱惜才好。(要否望来信！)

看了此次照片，觉得弥拉更美了，她比瑞士时期肉采丰满，想系恢复健康之故。从她信上可以体会到她性格和顺，天真，同时也严肃，对人对事都认真。为了你们的将来，她正式去学家政，令人感动。不过持家之道主要在乎 commen sense (常识)，待人接物和处理银钱等等，一切做得合情合理，有计划，有预算。孩子，你该满足了吧，这样一个伴侣对你可有很大帮助。目前你在经历一生最快乐的时期，订了婚，精神有了寄托，只有爱的甜蜜，还没有家庭的责任：你不要"得福不知"！看你照片，身体似乎不坏，精神也平静，我们非常安慰。弥拉极懂音乐，爱好文艺，你们一定相处得很好。在日常工作与休息营养的调节方面，千万多听她的话，别看她年幼，女性在某些事情上比较我们男人实际得多，她们的直觉往往很正确，而且任何年轻的女孩子都有母爱的本能，有些为你身心健康的劝告，更应当多多接受。但愿你脾气好，万万不要像我，要以我的坏脾气作为你的警戒。我最怕在这方面给你不良的影响。你要是能不让爸爸的缺点在你身上发展，便是你对爸爸最好的报答，也是对你的下一代尽了很大的责任。

…………

我多么愿意听听你对自己演奏的意见，特别是人家重点批评过的乐曲或段落，例如此次挪威九月二十六日最长的一篇评论你的 Bach［巴赫］，我要知道你自己的看法。还有前信问你对已灌片子的四支 *Ballade*［《叙事曲》］的不满意在哪里。别让你爸爸在音乐方面太落后，所以要你谈谈这些问题。

…………

你在伦敦别错过 looking upon great things［观赏伟大艺术品］的机会，博物馆和公园对你同样重要。

冬季是你最忙的时候，有些我问你的话或是你想告诉我的话，不妨陆续记在一个本子上，写信时抄在一起，不是又方便又完全吗？

附寄关于黄宾虹的介绍，可妥为保存，等复制品寄到时可再取出与弥拉重读，让她对中国画得到一个初步的概念。

一切保重，休息要充足，工作勿过度！

十一月二十六日晚

自从弥拉和我们通信以后，好像你有了秘书，自己更少动笔了。知道你忙，精神紧张劳累，也不怪你。可是有些艺术问题非要你自己谈不可。你不谈，你我在精神上艺术上的沟通就要中断，而在我这个孤独的环境中更要感到孤独。除了你，没有人再和我交换音乐方面的意见。而我虽一天天的衰老，还是想多吹吹外面的风。你小时候我们指导你，到了今日，你也不能坐视爸爸在艺术的某一部门中落后！——十月二十一、十一月十三以及以前的信中已屡次提及，现在不多谈了。

没想到你们的婚期订得如此近，给我们一个措手不及。妈妈今儿整天在外选购送弥拉和你岳母的礼物。不过也许只能先寄弥拉的，下月再寄另外一包裹。原因详见给弥拉信。礼物不能在你们婚前到达伦敦，妈妈总觉得是件憾事。前信问你有否《敦煌壁画选》，现在我给你作为我给你们俩的新婚纪念品（下周作印刷品寄）。

孩子，你如今正式踏进人生的重要阶段了，想必对各个方面都已严肃认真的考虑过：我们中国人对待婚姻——所谓终身大事——比西方人郑重得多，你也决不例外；可是夫妇之间西方人比我们温柔得多，delicate［优雅］得多，真有我们古人相敬如宾的作风（当然其中有不少虚伪的，互相欺骗的），想你也早注意到，在此订婚四个月内也该多少学习了一些。至于经济方面，大概你必有妥善的打算和安排。还有一件事，妈妈和我争执不已，不赞成我提出。我认为你们都还年轻，尤其弥拉，初婚后一二年内光是学会当家已是够烦了，是否需要考虑稍缓一二年再生儿育女，以便减轻一些她的负担，让她多轻松一个时期？妈妈反对，说还是早生孩子，宁可以后再节育。但我说晚一些也不过晚一二年，并非十年八年；说不说由我，听不听由你们；知无不言，言无不尽，朋友之间尚且如此，何况父母子女！有什么忌讳呢？你说是不是？我不过表示我的看法，决定仍在你们。而且即使我不说，也许你们已经讨论过这个问题了。弥拉的意思很对，你们该出去休息一个星期。我老是觉得，你离开琴，沉浸在大自然中，多沉思默想，反而对你的音乐理解与感受好处更多。人需要不时跳出自我的牢笼，才能有新的感觉、新的看法，也能有更正确的自我批评。

十二月二日

因为闹关节炎，本来这回不想写信，让妈妈单独执笔；但接到你去维也纳途中的信，有些艺术问题非由我亲自谈不可，只能撑起来再写。知道你平日细看批评，觉得总能得到一些好处，真是太高兴了。有自信同时又能保持自我批评精神，的确如你所说，是一切艺术家必须具备的重要条件。你对批评界的总的看法，我完全同意；而且是古往今来真正的艺术家一致的意见。所谓"文章千古事，得失寸心知！"往往自己认为的缺陷，批评家并不能指出，他们指出的倒是反映批评家本人的理解不够或者纯属个人的好恶，或者是时下的风气和流俗的趣味，从巴尔扎克到罗曼·罗兰，都一再说过这一类的话。因为批评家也受他气质与修养的限制（单从好的方面看），艺术家胸中的境界没有完美表现出来时，批评家可能完全捉摸不到，而只感到与习惯的世界抵触；便是艺术家的理想真正完美的表现出来了，批评家囿于成见，也未必马上能发生共鸣。例如雨果早期的戏剧，比才的《卡门》，德彪西的《贝莱阿斯与梅利桑特》。但即使批评家说的不完全对头或竟完全不对头，也会有一言半语引起我们的反省，给我们一种 inspiration［灵感］，使我们发现真正的缺点，或者另外一个新的角落让我们去追求，再不然是使我们联想到一些小枝节可以补充、修正或改善——这便是批评家之言不可尽信，亦不可忽视的辩证关系。

来信提到批评家音乐听得太多而麻痹，确实体会到他们的苦处。同时我也联想到演奏家太多沉浸在音乐中和过度的工作或许也有害处。追求完美的意识太强太清楚了，会造成紧张与疲劳，反而妨害原有的成绩。你灌唱片特别紧张，就因为求全之心太切。所以我常常劝你劳逸要有恰当的安排，最要紧维持心理的健康和精神的平衡。一切做到问心无愧，成败置之度外，才能临场指挥若定，操纵自如。也切勿刻意求工，以免画蛇添足，丧失了 spontaneity［真趣］；理想的艺术总是如行云流水一般自然，即使是慷慨激昂也像夏日的疾风猛雨，好像是天地中必然有的也是势所必然的境界。一露出雕琢和斧凿的痕迹，就变为庸俗的工艺品而不是出于肺腑，发自内心的艺术了。我觉得你在放松精神一点上还大有可为。不妨减少一些工作，增加一些深思默想，看看效果如何。别老说时间不够；首先要从日常生活的琐碎事情上——特别是梳洗穿衣等等，那是我几年来常嘱咐你的——节约时间，挤出时间来！要不工作，就痛快休息，切勿拖拖拉拉在日常猥琐之事上浪费光阴。不妨多到郊外森林中去散步或者上博物馆欣赏名画，从造型艺术中去求恬静闲适。你实在太劳累了！我一向认为音乐家的神经比别的艺术家更需要保护，这也是有科学与历史根据的。这一段希望细细到到译给弥拉听，让她以后在这方面多帮助你，代我们督促你多休息！你知道我说的休息绝不是懒散，而是调节你的身心，尤其是神经，目的仍在于促进你的艺术，不过用的方法比一味苦干更合理更科学而已！

你的中文并不见得如何退步，你不必有自卑感。自卑感反会阻止你表达的流畅。Do take it easy!〔一定要放松些，慢慢来！〕主要是你目前的环境多半要你用外文来思想，也因为很少机会用中文讨论文艺、思想等等问题。稍缓我当寄一些旧书给你，让你温习温习词汇和句法的变化。我译的旧作中，《嘉尔曼》和服尔德的文字比较最洗练简洁，可供学习。新译不知何时印，印了当然马上寄。但我们纸张不足，对十九世纪的西方作品又经过批判与重新估价，故译作究竟哪时会发排，完全无法预料。

一九六一年

一本正经的说大道理，远不如

生活中琐琐碎碎的一言半语来得有

效——只要一言半语中处处贯彻你

的做人之道和处事的原则。

——一九六一年九月

二月五日上午

上月二十四日宋家婆婆①突然病故，卧床不过五日。初时只寻常小恙，到最后十二小时才急转直下。人生脆弱一至于此！我和你妈妈为之四五天不能入睡，伤感难言。古人云秋冬之际，尤难为怀；人过中年也是到了秋冬之交，加以体弱多病，益有草木零落，兔死狐悲之感。但西方人年近八旬尚在孜孜矻矻，穷究学术，不知老之"已"至：究竟是民族年轻，生命力特别旺盛，不若数千年一脉相承之中华民族容易衰老欤？抑是我个人未老先衰，生意索然欤？想到你们年富力强，蓓蕾初放，艺术天地正是柳暗花明，窥得无穷妙境之时，私心艳羡，岂笔墨所能尽宣！

因你屡屡提及艺术方面的希腊精神（Hellenism），特意抄出丹纳《艺术哲学》中第四编"希腊的雕塑"译稿六万余字，钉成一本。原书虽有英译本，但其中神话、史迹、掌故太多，倘无详注，你读来不免一知半解；我译稿均另加笺注，对你方便不少。

---

① 傅雷挚友宋奇之母，傅雷一家曾租住在宋家。

我每天抄录一段，前后将近一月方始抄完第四编。奈海关对寄外文稿检查甚严，送去十余日尚无音信，不知何时方能寄出，亦不知果能寄出否。思之怅怅。此书原系一九五七年"人文"向我特约，还是王任叔①来沪到我家当面说定，我在一九五八至一九五九年间译完，已搁置一年八个月。目前纸张奇紧，一时决无付印之望。

在一切艺术中，音乐的流动性最为凸出，一则是时间的艺术，二则是刺激感官与情绪最剧烈的艺术，故与个人的 mood〔情绪〕关系特别密切。对乐曲的了解与感受，演奏者不但因时因地因当时情绪而异，即一曲开始之后，情绪仍在不断波动，临时对细节、层次、强弱、快慢、抑扬顿挫，仍可有无穷变化。听众对某一作品平日皆有一根据素所习惯与听熟的印象构成的"成见"，而听众情绪之波动，亦复与演奏者无异：听音乐当天之心情固对其音乐感受大有影响，即乐曲开始之后，亦仍随最初乐句所引起之反应而连续发生种种情绪。此种变化与演奏者之心情变化皆非事先所能预料：亦非临时能由意识控制。可见演奏者每次表现之有所出入，听众之印象每次不同，皆系自然之理。演奏家所以需要高度的客观控制，以尽量减少一时情绪的影响；听众之需要高度的冷静的领会；对批评家之言之不可不信亦不能尽信，都是从上面几点分析中引申出来的结论。音乐既是时间的艺术，

---

① 时任人民文学出版社社长。

一句弹完，印象即难以复按；事后批评，其正确性大有问题；又因为是时间的艺术，故批评家固有之（对某一作品）成见，其正确性又大有问题。况执著旧事物、旧观念、旧印象，排斥新事物、新观念、新印象，原系一般心理，故演奏家与批评家之距离特别大。不若造型艺术，如绘画、雕塑、建筑，形体完全固定，作者自己可在不同时间不同心情之下再三复按，观众与批评家亦可同样复按，重加审查，修正原有印象与过去见解。

按诸上述种种，似乎演奏与批评都无标准可言。但又并不如此。演奏家对某一作品演奏至数十百次以后，无形中形成一比较固定的轮廓，大大的减少了流动性。听众对某一作品听了数十遍以后，也有一个比较稳定的印象——尤其以唱片论，听了数十百次必然会得出一个接近事实的结论。各种不同的心情经过数十次的中和，修正，各个极端相互抵消以后，对某一固定乐曲（既是唱片，则演奏是固定的了，不是每次不同的了，而且可以尽量复按复查）的感受与批评可以说有了平均的、比较客观的价值。个别的听众与批评家，当然仍有个别的心理上精神上气质上的因素，使其平均印象尚不能称为如何客观；但无数"个别的"听众与批评家的感受与印象，再经过相当时期的大交流（由于报章杂志的评论，平日交际场中的谈话，半学术性的讨论争辩而形成的大交流）之后，就可得出一个 average［平均］的总和。这个总印象总意见，对某一演奏家的某一作品的成绩来说，大概是公平或近于公平的了——这是我对群众与批评家的意见肯定其客观价值的看法，也是无意中与你妈妈谈话时谈出来的，不知你觉得怎样？——我经常与妈妈谈天说地，对人生、政治、艺术、各种问题发表各种感想，往往使我不知不觉中把自己的思想整理出一个小小的头绪来。单就这一点来说，你妈妈对我确是大有帮助，虽然不是出于她主动。——可见终身伴侣的相互帮助有许多完全是不知不觉的。相信你与弥拉之间一定也常有此感。

二月七日晚

人没有苦闷，没有矛盾，就不会进步。有矛盾才会逼你解决矛盾，解决一次矛盾即往前迈进一步。到晚年矛盾减少，即是生命将要告终的表现。没有矛盾的一片恬静只是一个崇高的理想，真正实现的话并不是一个好现象。凭了修养的功夫所能达到的和平恬静只是极短暂的，比如浪潮的尖峰，一刹那就要过去的。或者理想的平和恬静乃是微波荡漾，有矛盾而不太尖锐，而且随时能解决的那种精神修养，可决非一泓死水：一泓死水有什么可羡呢？我觉得倘若苦闷而不致陷入悲观厌世，有矛盾而能解决（至少在理论上认识上得到一个总结），那么苦闷与矛盾并不可怕。所要避免的乃是因苦闷而导致身心失常或者玩世不恭，变作游戏人生的态度。从另一角度看，最伤人的（对己对人，对小我与集体都有害的）乃是由 passion［激情］出发的苦闷与矛盾，例如热衷名利而得不到名利的人，怀着野心而明明不能实现的人，经常忌妒别人、仇恨别人的人，那一类苦闷便是与己与人都有大害的。凡是从自卑感自溺狂等等来的苦闷对社会都是不利的，对自己也是致命伤。反之，倘是忧时忧国，不是为小我打算而是为了社会福利、人类前途而感到的苦闷，因为出发点是正义，是理想，是热爱，所以即有矛盾，对己对人都无害处，倒反能逼自己做出一些小小的贡献来。但此种苦闷也须用智慧来解决，至少在苦闷的时间不能忘了明哲的教训，才不至于转到悲观绝望，用灰色眼镜看事物，才能保持健康的心情继续在人生中奋斗——而唯有如此，自己的小我苦闷才能转化为一种活泼泼的力量而不仅仅成为愤世嫉俗的消极因素；因为愤世嫉俗并不能解决矛盾，也就不能使自己往前迈进一步。由此得出一个结论，我们不怕经常苦闷，经常矛盾，但必须不让这苦闷与矛盾妨碍我们愉快的心情。

二月八日晨

记得你在波兰时期，来信说过艺术家需要有 single mindedness［一心一意］，分出一部分时间关心别的东西，追求艺术就短少了这部分时间。当时你的话是特别针对某个问题而说的。我很了解（根据切身经验），严格钻研一门学术必须整个儿投身进去。艺术——尤其音乐，反映现实是非常间接的，思想感情必须转化为 emotion［感情］才能在声音中表达，而这一段酝酿过程，时间就很长；一受外界打扰，酝酿过程即会延长，或竟中断。音乐家特别需要集中（即所谓 single-mindedness），原因即在于此。因为音乐是时间的艺术，表达的又是流动性最大的 emotion，往往稍纵即逝——不幸，生在二十世纪的人，头脑装满了多多少少的东西，世界上又有多多少少东西时时刻刻逼你注意；人究竟是社会的动物，不能完全与世隔绝；与世隔绝的任何一种艺术家都不会有生命，不能引起群众的共鸣。经常与社会接触而仍然能保持头脑冷静，心情和平，同时能保持对艺术的新鲜感与专一的注意，的确是极不容易的事。你大概久已感觉到这一点。可是过去你似乎纯用排斥外界的办法（事实上你也做不到，因为你对人生对世界的感触与苦闷还是很多很强烈），而没头没脑的沉浸在艺术里，这不是很健康的做法。我屡屡提醒你，单靠音乐来培养音乐是有很大弊害的。以你的气质而论，我觉得你需要多多跑到大自然中去，也需要不时欣赏造型艺术来调剂。假定你每个月郊游一次，上美术馆一次，恐怕你不仅精神更愉快、更平衡，便是你的音乐表达也会更丰富、更有生命力、更有新面目出现。亲爱的孩子，你无论如何应该试试看！

如今你有弥拉代为料理日常琐事，该是很幸福了。但不管你什么理由，某些道义上的责任是脱卸不了的，不能由弥拉代庖。希望能尽量挤出时间，不时给两位以前的老师写几行，短一些无妨，但决不可几月几年的沉默下去！你在本门艺术中意志很强，为何在道义上不同样拿出意志来节约时间，履行你的义务呢？——孩子，你真不知道我多么希望你在人生各方面都有进步！倘你在尊师方面有行动表现，你真是给你爸爸最大的快乐。你要以与亲友通信作为精神上的调剂，就不会视执笔为畏途了。心理一改变，事情就会轻松，试过几回即会明白。

一月九日与林先生 ① 的画同时寄出的一包书，多半为温习你中文着眼，故特别挑选文笔最好的书——至于艺术与音乐方面的书，英文中有不少扎实的作品。暑中音乐会较少的期间，也该尽量阅读。

四月二十五日

寄你"武梁祠石刻片"四张，乃系普通复制品，属于现在印的画片一类。

楯片一称拓片，是吾国固有的一种印刷，原则上与过去印木版书、今日印木刻铜刻的版画相同。惟印木版书画先在版上涂墨，然后以白纸覆印；拓片则先覆白纸于原石，再在纸背以布球蘸墨轻拍细按，印讫后纸背即成正面；而石刻凸出部分皆成黑色，凹陷部分保留纸之本色（即白色）。木刻铜刻上原有之图像是反刻的，像我们用的图章；石刻原作的图像本是正刻，与西洋的浮雕相似，故复制时方法不同。

古代石刻画最常见的一种只勾线条，刻画甚浅；拓片上只见

① 林风眠，画家，傅雷挚友。

大片黑色中浮现许多白线，构成人物鸟兽草木之轮廓；另一种则将人物四周之石挖去，如阳文图章，在拓片上即看到物像是黑的，具有整个形体，不仅是轮廓了。最后一种与第二种同，但留出之图像呈半圆而微凸，接近西洋的浅浮雕。武梁祠石刻则是第二种之代表作。

给你的拓片，技术与用纸都不高明，目的只是让你看到我们远祖雕刻艺术的些少样品。你在欧洲随处见到希腊罗马雕塑的照片，如何能没有祖国雕刻的照片呢？我们的古代遗物既无照相，只有依赖拓片，而拓片是与原作等大，绝未缩小之复本。

武梁祠石刻在山东嘉祥县武氏祠内，为公元二世纪前半期作品，正当东汉（即后汉）中叶。武氏当时是个大地主大官僚，子孙在其墓畔筑有享堂（俗称祠堂）专供祭祀之用。堂内四壁嵌有石刻的图画。武氏兄弟数人，故有武荣祠武梁祠之分，惟世人混称为武梁祠。

同类的石刻画尚有山东肥城县之孝堂山郭氏墓，则是西汉（前汉）之物，早于武梁祠约百年（公元一世纪），且系阴刻，风格亦较古拙厚重。"孝堂山"与"武梁祠"为吾国古雕刻两大高峰，不可不加注意。此外尚有较晚出土之四川汉墓石刻，亦系精品。

石刻画题材自古代神话，如女娲氏补天、三皇五帝等传说起，至圣、贤、豪杰烈士、诸侯之史实轶事，无所不包——其中一部分你小时候在古书上都读过。原作每石有数画，中间连续，不分界线，仅于上角刻有题目，如《老莱子彩衣娱亲》《荆轲刺秦王》等。惟文字刻画甚浅，年代剥落，大半无存；今日之下欲知何画代表何人故事，非熟悉《春秋》《左传》《国策》不可；我无此精力，不能为你逐条考据。

武梁祠全部石刻共占五十余石，题材总数更远过于此。我仅有拓片二十余张，亦是残帙，缺漏甚多，兹挑出拓印较好之四纸寄你，但线条仍不够分明，遒劲生动飘逸之美几无从体会，只能说聊胜于无而已。

一九六一年四月二十五日

此种信纸（这封信是用木刻水印笺纸写的）即是木刻印刷，今亦不复制造，值得细看一下。

另附法文说明一份，专供弥拉阅读，让她也知道一些中国古艺术的梗概与中国史地的常识。希望她为你译成英文，好解释给你外国友人听；我知道大部分历史与雕塑名词你都不见得会用英文说。倘装在框内，拓片只可非常小心的压平，切勿用力拉直拉平，无数皱下去的地方都代表原作的细节，将纸完全拉直拉平就会失去本来面目，务望与弥拉细说。

又汉代石刻画纯系吾国民族风格。人物姿态衣饰既是标准汉族气味，雕刻风格亦毫无外来影响。南北朝（公元四世纪至六世纪）之石刻，如河南龙门、山西云冈之巨大塑像（其中很大部分是更晚的隋唐作品——相当于公元六至八世纪），以及敦煌壁画等等，显然深受佛教艺术、希腊罗马及近东艺术之影响。

附带告诉你这些中国艺术演变的零星知识，对你也有好处，与西方朋友谈到中国文化，总该对主流支流、本土文明与外来因素，心中有个大体的轮廓才行。以后去大英博物馆巴黎罗浮美术馆，在远东艺术室中亦可注意及之。巴黎还有专门陈列中国古物的 Musēe Guimet［吉美博物馆］，值得参观！

五月一日

中国诗词最好是木刻本，古色古香，特别可爱。可惜不准出口，不得已而求其次，就挑商务影印本给你。以后还会陆续寄，想你一定喜欢。《论希腊雕塑》一编六万余字，是我去冬花了几星期功夫抄的，也算是我的手泽，特别给你作纪念。内容值得细读，也非单看一遍所能完全体会。便是弥拉读法文原著，也得用功研究，且原著对神话及古代史部分没有注解，她看起来还不及你读译文易懂。为她今后阅读方便，应当买几部英文及法文的比较完整的字典才好。我会另外写信给她提到。

一月九日寄你的一包书内有老舍及钱伯母的作品，都是你旧时读过的。不过内容及文笔，我对老舍的早年作品看法已大大不同。从前觉得了不起的那篇《微神》，如今认为太雕琢，过分刻画，变得纤巧，反而贫弱了。一切艺术品都忌做作，最美的字句都要出之自然，好像天衣无缝，才经得起时间考验而能传世久远。比如"山高月小，水落石出"不但写长江中赤壁的夜景，历历在目，而且也写尽了一切兼有幽远、崇高与寒意的夜景；同时两句话说得多么平易，真叫作"天籁"！老舍的《柳家大院》还是有血有肉，活得很——为温习文字，不妨随时看几段。没人讲中国话，只好用读书代替，免得词汇字句愈来愈遗忘——最近两封英文信，又长又详尽，我们很高兴，但为了你的中文，仍望不时用中文写，这是你唯一用到中文的机会了。写错字无妨，正好让我提醒你。不知五月中是否演出较少，能抽空写信来？

最近有人批判王氏①的"无我之境"，说是写纯客观，脱离阶级斗争。此说未免褊狭。第一，纯客观事实上是办不到的。既然是人观察事物，无论如何总带几分主观，即使力求摆脱物质束缚也只能做到一部分，而且为时极短。其次能多少客观一些，精神上倒是真正获得松弛与休息，也是好事。人总是人，不是机器，不可能二十四小时只做一种活动。生理上即使你不能不饮食睡眠，推而广之，精神上也有各种不同的活动。便是目不识丁的农夫也有出神的经验，虽时间不过一刹那，其实即是无我或物我两忘的心境。艺术家表现出那种境界来未必会使人意志颓废。例如念了"寒波淡淡起，白鸟悠悠下"两句诗，哪有一星半点不健全的感觉？假定如此，自然界的良辰美景岂不成年累月摆在人面前，人如何不消沉至于不可救药的呢？相反，我认为生活越紧张

---

① 即王国维。

越需要这一类的调剂，多亲近大自然倒是维持身心平衡最好的办法。近代人的大病即在于拼命损害了一种机能（或一切机能）去发展某一种机能，造成许多畸形与病态。我不断劝你去郊外散步，也是此意。幸而你东西奔走的路上还能常常接触高山峻岭，海洋流水，日出日落，月色星光，无形中更新你的感觉，解除你的疲劳。

另一方面，终日在琐碎家务与世俗应对中过生活的人，也该时时到野外去洗掉一些尘俗气，别让这尘俗气积聚日久成为宿垢。弥拉接到我黄山照片后来信说，从未想到山水之美有如此者。可知她虽家居瑞士，只是偶尔在山脚下小住，根本不曾登高临远，见到神奇的景色。在这方面你得随时培养她。此外我也希望她每天挤出时间，哪怕半小时吧，作为阅读之用。而阅读也不宜老拣轻松的东西当作消遣；应当每年选定一二部名著用功细读。比如丹纳的《艺术哲学》之类，若能彻底消化，做人方面，气度方面，理解与领会方面都有进步，不仅仅是增加知识而已。巴尔扎克的小说也不是只供消闲的。像你们目前的生活，要经常不断的阅读正经书不是件容易的事，需要很强的意志与纪律才行。望时常与她提及你老师勃隆斯丹近七八年来的生活，除了做饭、洗衣、照管丈夫孩子以外，居然坚持练琴，每日一小时至一小时半，到今日每月有四五次演出。这种精神值得弥拉学习。

六一年五月一日

我们与萧伯母①的关系，她对你从小的爱护关切，最近几月来对我们食物方面的帮助，都该和弥拉谈谈，让她知道你父亲的朋友是怎样的患难之交，同时也可感染她缓急相助，古道热肠的做人之道。你说对么？

五月二十三日

越知道你中文生疏，我越需要和你多写中文；同时免得弥拉和我们隔膜，也要尽量写英文。有时一些话不免在中英文信中重复，望勿误会是我老糊涂。从你婚后，我觉得对弥拉如同对你一样负有指导的责任：许多有关人生和家常琐事的经验，你不知道还不打紧，弥拉可不能不学习，否则如何能帮助你解决问题呢？既然她自幼的遭遇不很幸福，得到父母指点的地方不见得很充分，再加西方人总有许多观点与我们有距离，特别在人生的淡泊、起居享用的俭朴方面，我更认为应当逐渐把我们东方民族（虽然她也是东方血统，但她的东方只是徒有其名了！）的明智的传统灌输给她。前信问你有关她与生母的感情，务望来信告知。这是人伦至性，我们不能不关心弥拉在这方面的心情或苦闷。

…………

---

① 指香港影星萧芳芳的母亲成家和，是傅雷夫妇挚友。

一九四五年我和周伯伯写的文章每字每句脱不了罗曼·罗兰的气息和口吻，我苦苦挣扎了十多天。终于摆脱了，重新找到了我自己的文风。这事我始终不能忘怀。你现在思想方式受外国语文束缚，与我当时受罗曼·罗兰（翻了他一百二十万字的长篇自然免不了受影响）的束缚有些相似，只是你生活在外国语文的环境中，更不容易解脱，但并非绝对不可能解决。例如我能写中文，也能写法文和英文，固然时间要花得多一些，但不至于像你这样二百多字的一页中文（在我应当是英文——因我从来没有实地应用英文的机会）要花费一小时。问题在于你的意志，只要你立意克服，恢复中文的困难早晚能克服。我建议你每天写一些中文日记，便是简简单单写一篇三四行的流水账，记一些生活琐事也好，唯一的条件是有恒。倘你天天写一二百字，持续到四五星期，你的中文必然会流畅得多——最近翻出你一九五〇年十月昆明来信，读了感慨很多。到今天为止，敏还写不出你十六岁时写的那样的中文。既然你有相当根基，恢复并不太难，希望你有信心，不要胆怯，要坚持，持久！你这次写的第一页，虽然气力花了不少，中文还是很好，很能表达你的真情实感——要长此生疏下去，我倒真替你着急呢！我竟说不出我和你两人为这个问题谁更焦急。可是干着急无济于事，主要是想办法解决，想了办法该坚决贯彻！再告诉你一点：你从英国写回来的中文信，不论从措辞或从风格上看，都还比你的英文强得多；因为你的中文毕竟有许多古书做底子，不比你的英文只是浮光掠影摭拾得来的。你知道了这一点应该更有自信心了吧!

…………

四月二十六日寄你的四幅石刻画像,大概此信到时也可收到。记得你初至伦敦时有位太太借琴给你,她家也藏中国画,你可考虑是否送她一幅石刻,一方面还她人情,一方面也是海外希见的中国真迹复制品。但此物得之不易,等闲之辈切勿随便赠送。

丹纳原书的确值得细读,而且要不止一遍的读,你一定会欣赏。暂时寄你的只限于希腊部分,也足够你细细回味和吸收了。

你说的很对,"学然后知不足",只有不学无术或是浅尝即止的人才会自大自满。我愈来愈觉得读书太少,聊以自慰的就是还算会吸收、消化、贯通。像你这样的艺术家,应当无书不读,像Busoni〔布索尼〕、Hindemith〔欣德米特〕那样。就因为此,你更需和弥拉俩妥善安排日常生活,一切起居小节都该有规律有计划,才能挤出时间来。当然,艺术家也不能没有懒洋洋的耽于幻想的时间,可不能太多,否则成了习惯就浪费光阴了。没有音乐会的期间也该有个计划,哪几天招待朋友,哪几天听音乐会,哪几天照常练琴,哪几天读哪一本书。一朝有了安排,就不至于因为无目的无任务而感到空虚与烦躁了。这些琐琐碎碎的项目其实就是生活艺术的内容。否则空谈"人生也是艺术",究竟指什么呢?对自己有什么好处呢?但愿你与弥拉多谈谈这些问题,定出计划来按部就班的做去。最要紧的是定的计划不能随便打破或打乱。你该回想一下我的作风，可以加强你实践的意志。你初订婚时不是有过指导弥拉的念头吗？现在成了家，更当在实际生活中以身作则，用行动来感染她！

正如你说的，你和我在许多地方太相像了，不知你在小事情的脾气上是否常常把爸爸作为你的警戒？弥拉还是孩子，你更得优容些，多用善言劝导，多多坐下来商量，切勿遇事烦躁，像我这样。你要能不犯你爸爸在这方面的错误，我就更安心更快活了。

五月二十四日

在空闲（即无音乐会）期间有朋友来往，不但是应有的调剂，使自己不致与现实隔膜，同时也表示别人喜欢你，是件大好事。主要是这些应酬也得有限度有计划。最忌有求必应，每会必到，也最忌临时添出新客新事。西方习惯多半先用电话预约，很少人会做不速之客——即使有不速之客，必是极知己的人，不致妨碍你原定计划的——希望弥拉慢慢能学会这一套安排的技术。原则就是要取主动，不能处处被动！

孩子，来信有句话很奇怪。沉默如何就等于同意或了解呢？不同意或不领会，岂非也可用沉默来表现吗？在我，因为太追求逻辑与合理，往往什么话都要说得明白，问得明白，答复别人也答复得分明；沉默倒像表示躲避，引起别人的感觉不是信任或放心，而是疑虑或焦急。过去我常问到你经济情况，怕你开支浩大，演出太多，有伤身体与精神的健康；主要是因为我深知一个艺术家在西方世界中保持独立多么不容易，而唯有经济有切实保障才能维持人格的独立。并且父母对儿女的物质生活总是特别关心。再过一二十年，等你的孩子长成以后，你就会体验到这种心情。

六月二十六日晚

六月十八日信（邮戳十九）今晨收到。虽然花了很多钟点，信写得很好。多写几回就会感到更容易更省力。最高兴的是你的民族性格和特征保持得那么完整，居然还不忘记"一箪食（读如"嗣"）一瓢饮，回也不改其乐"，唯有如此，才不致被西方的物质文明湮没。你屡次来信说我们的信给你看到和回想到另外一个世界，理想气息那么浓的、豪迈的、真诚的、光明正大的、慈悲的、无我的（即你此次信中说的 idealistic，generous，devoted，loyal，kind，selfless）世界。我知道东方西方之间的鸿沟，只有豪杰之士，领悟颖异、感觉敏锐而深刻的极少数人方能体会。换句话说，东方人要理解西方人及其文化和西方人理解东方人及其文化同样不容易。即使理解了，实际生活中也未必真能接受。这是近代人的苦闷：既不能闭关自守，东方与西方各管各的生活，各管各的思想，又不能避免两种精神两种文化两种哲学的冲突和矛盾。当然，除了冲突与矛盾，两种文化也彼此吸引，相互之间有特殊的魅力使人神往。东方的智慧、明哲、超脱，要是能与西方的活力、热情、大无畏的精神融合起来，人类可能看到另一种新文化出现。西方人那种孜孜矻矻，白首穷经，只知为学，不问成败的精神还是存在（现在和克利斯朵夫的时代一样存在），值得我们学习。你我都不是大国主义者，也深恶痛绝大国主义，但你我的民族自觉、民族自豪和爱国热忱并无一星半点的排外意味。相反，这是一个有根有蒂的人应有的感觉与感情。每次看到你有这种表现，我都快活得心儿直跳，觉得你不愧为中华民族的儿子！妈妈也为之自豪，对你特别高兴，特别满意。

分析你岳父的一段大有见地，但愿作为你的借鉴。你的两点结论，不幸的婚姻和太多与太早的成功是艺术家最大的敌人，说得太中肯了。我过去为你的婚姻问题操心，多半也是从这一点出发。如今弥拉不是有野心的女孩子，至少不会把你拉上热衷名利的路，让你能始终维持艺术的尊严，维持你严肃朴素的人生观，已经是你的大幸。还有你淡于名利的胸怀，与我一样的自我批评精神，对你的艺术都是一种保障。但愿十年二十年之后，我不在人世的时候，你永远能坚持这两点。恬淡的胸怀，在西方世界中特别少见，希望你能树立一个榜样！

说到弥拉，你是否仍和去年八月初订婚时来信说的一样预备培养她？不是说培养她成一个什么专门人才，而是带她走上严肃、正直、坦白、爱美、爱善、爱真理的路。希望以身作则，鼓励她多多读书，有计划有系统的正规的读书，不是消闲趋时的读书。你也该培养她的意志：便是有规律有系统的处理家务、掌握家庭开支、经常读书等等，都是训练意志的具体机会。不随便向自己的 fancy［幻想，一时的爱好］让步，也不随便向你的 fancy 让步，也是锻炼意志的机会。孩子气是可贵的，但决不能损害 taste［品味，鉴赏力］，更不能影响家庭生活、起居饮食的规律。有些脾气也许一辈子也改不了，但主观上改，总比听其自然或是放纵（即所谓 indulging）好，你说对吗？弥拉与我们通信近来少得多，我们不怪她，但那也是她道义上感情上的一种责任。我们原谅她是一回事，你不从旁提醒她可就不合理，不尽你督促之责了。做人是整体的，对我们经常写信也表示她对人生对家庭的态度。你别误会，我再说一遍，别误会我们嗔怪她，而是为了她太年轻，需要养成一个好作风，处理实际事务的严格的态度。以上的话主要是为她好，而不是仅仅为我们多得一些你们消息的快乐。可是千万注意，和她提到给我们写信的时候，说话要和软，否则反而会影响她与我们的感情。翁姑与媳妇的关系与父母子女的关系大不相同，你慢慢会咂摸到，所以处理要非常细致。

最近几次来信，你对我们托办的事多半有交代，我很高兴。你终于在实际生活方面也成熟起来了，表示你有头有尾，责任感更强了。你的录音机迄未置办，我很诧异；照理你布置新居时，应与床铺在预算表上占同样重要的地位。在我想来，少一两条地毯倒没关系，少一架好的录音机却太不明智。足见你们俩仍太年轻，分不出轻重缓急。但愿你去美洲回来就有能力置办！

....

　　我早料到你读了《希腊的雕塑》以后的兴奋。那样的时代是一去不复返的了，正如一个人从童年到少年那个天真可爱的阶段一样。也如同我们的先秦时代、两晋六朝一样。近来常翻阅《世说新语》（正在寻一部铅印而篇幅不太笨重的预备寄你），觉得那时的风流文采既有点儿近古希腊，也有点儿像文艺复兴时期的意大利；但那种高远、恬淡、素雅的意味仍然不同于西方文化史上的任何一个时期。人真是奇怪的动物，文明的时候会那么文明，谈玄说理会那么隽永，野蛮的时候又同野兽毫无分别，甚至更残酷。奇怪的是这两个极端就表现在同一批人同一时代的人身上。两晋六朝多少野心家，想夺天下、称孤道寡的人，坐下来清谈竟是深通老庄与佛教哲学的哲人！

　　韩德尔的神剧固然追求异教精神，但他毕竟不是公元前四五世纪的希腊人，他的作品只是十八世纪一个意大利化的日耳曼人向往古希腊文化的表现。便是《赛米里》吧，口吻仍不免带点儿浮夸（pompous）。这不是韩德尔个人之过，而是民族与时代之不同，绝对勉强不来的。将来你有空闲的时候（我想再过三五年，你音乐会一定可大大减少，多一些从各方面进修的时间），读几部英译的柏拉图、色诺芬一类的作品，你对希腊文化可有更多更深的体会。再不然你一朝去雅典，尽管山陵剥落（如丹纳书中所说）面目全非，但是那种天光水色（我只能从亲自见过的罗马和那不勒斯的天光水色去想象），以及巴台农神庙的废墟，一定会给你强烈的激动，狂喜，非言语所能形容，好比四五十年以前邓肯在巴台农废墟上光着脚不由自主的跳起舞来（《邓肯（Duncun）自传》，倘在旧书店中看到，可买来一读）。真正体会古文化，除了从小"泡"过来之外，只有接触那古文化的遗物。我所以不断寄吾国的艺术复制品给你，一方面是满足你思念故国，缅怀我们古老文化的饥渴，一方面也想用具体事物来影响弥拉。从文化上、艺术上认识而爱好异国，才是真正认识和爱好一个异国；而且我认为也是加强你们俩精神契合的最可靠的链锁。

石刻画你喜欢吗？是否感觉到那是真正汉族的艺术品，不像敦煌壁画云冈石刻有外来因素。我觉得光是那种宽袍大袖、简洁有力的线条、浑合的轮廓、古朴的屋宇车辆、强劲雄壮的马匹，已使我看了怦然心动，神游于两千年以前的天地中去了（装了框子看更有效果）。

十八家诗钞以外，李白诗文集想也收到了吧？给你的两把扇子你觉得怎样？最好平日张开着放在玻璃柜内欣赏。给弥拉的檀香扇，买不到更好的。且檀香女扇一向没有画得好的。从这个小包看，东西毕竟是从苏联转的，否则五月十二日寄的包不可能在六月十八前收到。

几个月来做翻译巴尔扎克《幻灭》三部曲的准备工作，七百五十余页原文，共有一千一百余生字。发个狠每天温三百至四百生字，大有好处。正如你后悔不早开始把肖邦的 *Etudes*

［《练习曲》］作为每天的日课，我也后悔不早开始记生字的苦功。否则这部书的生字至多只有二三百。倘有钱伯伯那种记忆力，生字可减至数十。天资不足，只能用苦功补足。我虽到了这年纪，身体挺坏，这种苦功还是愿意下的。

你对 Michelangeli［米开兰琪利］的观感大有不同，足见你六年来的进步与成熟。同时，"曾经沧海难为水"，"登东山而小鲁，登泰山而小天下"，也是你意见大变的原因。伦敦毕竟是国际性的乐坛，你这两年半的逗留不是没有收获的。

最近在美国的《旅行家》杂志（*National Geographic*）上读到一篇英国人写的爱尔兰游记，文字很长，图片很多。他是三十年中第二次去周游全岛，结论是："什么是爱尔兰最有意思的东西？——是爱尔兰人。"这句话与你在都柏林匆匆一过的印象完全相同。

听说马先生有过一个学生，叫盛中国，无论音乐或技巧都极好，已送去留苏，跟科岗学，已有一年，明年参加柴可夫斯基比赛，大有希望。告诉你这消息，你一定高兴。马先生二个月以前亲自指挥，在京演出他的新作《第二交响乐》。内容如何，成绩如何，都不得而知。

以上写了三个半小时，累得很了，还得写英文的呢！望多多休息，勿熬夜太过！

六月二十六日晚七时

吃过晚饭，又读了一遍（第三遍）来信。你自己说写得乱七八糟，其实并不。你有的是真情实感，真正和真实的观察、分析、判断，便是杂乱也乱不到哪里去。中文也并未退步；你爸爸最挑剔文字，我说不退步你可相信是真的不退步。而你那股热情和正义感不知不觉洋溢于字里行间，教我看了安慰、兴奋……有些段落好像是我十几年来和你说的话的回声……你没有辜负园丁！

老好人往往太迁就，迁就世俗，迁就褊狭的家庭愿望，迁就自己内心中不大高明的因素；而真理和艺术需要高度的原则性和永不妥协的良心。物质的幸运也常常毁坏艺术家。可见艺术永远离不开道德——广义的道德，包括正直、刚强、斗争（和自己的斗争以及和社会的斗争）、毅力、意志、信仰……

的确，中国优秀传统的人生哲学，很少西方人能接受，更不用说实践了。比如"富贵于我如浮云"在你我是一条极崇高极可羡的理想准则，但像巴尔扎克笔下的那些人物，正好把富贵作为人生最重要的，甚至是唯一的目标。他们那股向上爬，求成功的蛮劲与狂热，我个人简直觉得难以理解。也许是气质不同，并非多数中国人全是那么淡泊。我们不能把自己人太理想化。

你提到英国人的抑制（inhibition），其实正表示他们犷野强悍的程度，不能不深自敛抑，一旦决堤而出，就是莎士比亚笔下的那些人物，如麦克白斯、奥赛罗等等，岂不 wild［狂放］到极点？

Bath［巴斯］在欧洲亦是鼎鼎大名的风景区和温泉疗养地，

无怪你觉得是英国最美的城市。看了你寄来的节目,其中几张风景使我回想起我住过的法国内地古城:那种古色古香,那种幽静与悠闲,至今常在梦寐间出现。说到这里,希望你七月去维也纳,百忙中买一些美丽的风景片给我。爸爸坐井观天,让我从纸面上也接触一下贝多芬、莫扎特、舒伯特住过的名城!

见到你岳父母,千万代我问候。这是应有的礼貌,为了你爸爸你决不可疏忽,切切切切!

七月七日晚

在过去的农业社会里,人的生活比较闲散,周围没有紧张的空气,随遇而安、得过且过的生活方式还能对付。现在时代大变,尤其在西方世界,整天整月整年社会像一个瞬息不停的万花筒,生存竞争的剧烈,想你完全体会到了。最好做事要有计划,至少一个季度事先要有打算,定下的程序非万不得已切勿临时打乱。你是一个经常出台的演奏家,与教授、学者等等不同:生活忙乱得多,不容易控制。但愈忙乱愈需要有全面计划,我总觉得你太被动,常常 be carried away [失去自制力],被环境和大大小小的事故带着走,从长远看,不是好办法。过去我一再问及你经济情况,主要是为了解你的物质基础,想推测一下再要多少时期可以减少演出,加强学习——不仅仅音乐方面的学习。我很明白在西方社会中物质生活无保障,任何高远的理想都谈不上。但所谓物质保障首先要看你的生活水准，其次要看你会不会安排收支，保持平衡，经常有规律的储蓄。生活水准本身就是可上可下，好坏程度、高低等级多至不可胜计的；究竟自己预备以哪一种水准为准，需要想个清楚，弄个彻底，然后用坚强的意志去贯彻。唯有如此，方谈得到安排收支等等的理财之道。孩子，光是瞧不起金钱不解决问题；相反，正因为瞧不起金钱而不加控制，不会处理，临了竟会吃金钱的亏，做物质的奴役。单身汉还可用颜回的刻苦办法应急，有了家室就不行，你若希望弥拉也会甘于素衣淡食就要求太苛，不合实际了。为了避免落到这一步，倒是应当及早定出一个中等的生活水准使弥拉能同意，能实践，帮助你定计划执行。越是轻视物质越需要控制物质。你既要保持你艺术的尊严，人格的独立，控制物质更成为最迫切最需要的先决条件。孩子，假如你相信我这个论点，就得及早行动。

经济有了计划，就可按照目前的实际情况定一个音乐活动的计划。比如下一季度是你最忙，但也是收入最多的季度：那笔收入应该事先做好预算；切勿钱在手头，散漫使花，而是要作为今后减少演出的基础——说明白些就是基金。你常说音乐世界是茫茫大海，但音乐还不过是艺术中的一支，学问中的一门。望洋兴叹是无济于事的，要钻研仍然要定计划——这又跟你的演出的多少、物质生活的基础有密切关系。你结了婚，不久家累会更重；你已站定脚跟，但最要防止将来为了家累，为了物质基础不稳固，不知不觉的把演出、音乐为你一家数口服务。古往今来——

尤其近代，多少艺术家（包括各个部门的）到中年以后走下坡路，难道真是他们愿意的吗？多半是为家庭拖下水的，而且拖下水的经过完全出于不知不觉。孩子，我为了你的前途不能不长篇累牍的告诫。现在正是设计你下一阶段生活的时候，应当振作精神，面对当前，眼望将来，从长考虑。何况我相信三五年到十年之内，会有一个你觉得非退隐一年二年不可的时期。一切真有成就的演奏家都逃不过这一关。你得及早准备。

最近三个月，你每个月都有一封长信，使我们好像和你对面谈天一样：这是你所能给我和你妈妈的最大安慰。父母老了，精神上不免一天天的感到寂寞。唯有万里外的游子归鸿使我们生活中还有一些光彩和生气。希望以后的信中，除了艺术，也谈谈实际问题。你当然领会到我做爸爸的只想竭尽所能帮助你进步，增进你的幸福，想必不致嫌我烦琐吧？

八月一日

二十四日接弥拉十六日长信，快慰之至。几个月不见她手迹着实令人挂心，不知怎么，我们真当她亲生女儿一般疼她；从未见过一面，却像久已认识的人那样亲切。读她的信，神情笑貌跃然纸上。口吻那么天真那么朴素，taste［品味］很好，真叫人喜欢。成功的婚姻不仅对当事人是莫大的幸福，而且温暖的光和无穷的诗意一直照射到、渗透入双方的家庭。敏读了弥拉的信也非常欣赏她的人品。孩子，我不能不再一次祝贺你的幸运。二年半以来这是你音乐成就以外最大的收获了：相信你一定会珍惜这美满的婚姻，日后开出鲜艳的花来！

今晨（八月一日）又接汇款五十镑，想必是你友人中有一位已经把汇款先交给你了。可是林先生的画都未签名，五月至六月我们选画时疏忽未注意，（你看爸爸一生如此细心，照样出岔子！）等到画交给荣宝斋装裱完成才发觉，而林先生却远行内蒙未归。据代他料理杂务的学生说，要八月底九月初回沪，比原定日期延长了两个月。他家留有图章，已去盖好；但转念一想，没有签名总不够郑重。倘林先生能于九月五日前回来，画可于九月十日前寄出，则十月底可到伦敦。你在十一月初除五日一场演出外，还有空闲料理画事。倘购画的友人不在乎签名，有了图章即行，我们当然可提早寄你，不过总觉不大妥当。你看怎么办？

弥拉报告中有一件事教我们特别高兴：你居然去找过了那位匈牙利太太！（姓名弥拉写得不清楚，望告知！）多少个月来（在杰老师心中已是一年多了），我们盼望你做这一件事，一旦实现，不能不为你的音乐前途庆幸。写到此，又接你明信片；那么原来希望本月四日左右接你长信，又得推迟十天了。但愿你把技巧改进的经过与实际谈得详细些，让我转告李先生，好慢慢帮助国内的音乐青年，想必也是你极愿意做的事。本月十二至二十七日间，九月二十三日以前，你都有空闲的时间，除了出门休息（想你们一定会出门吧）以外，尽量再去拜访那位老太太，向她请教。尤其维也纳派（莫扎特、贝多芬、舒伯特），那种所谓 repose［和谐恬静］的风味必须彻底体会。好些评论对你这方面的欠缺都一再提及。至于追求细节太过，以致妨碍音乐的朴素与乐曲的总的轮廓，批评家也说过很多次。据我的推想，你很可能犯了这些毛病。往往你会追求一个目的，忘了其他，不知不觉钻入牛角尖（今后望深自警惕）。可是深信你一朝醒悟，信从了高明的指点，你回头是岸，纠正起来是极快的，只是别矫枉过正，往另一极端摇摆过去就好了。

像你这样的年龄与经验，随时随地吸收别人的意见非常重要。经常请教前辈更是必需。你敏感得很，准会很快领会到那位前辈的特色与专长，尽量汲取——不到汲取完了决不轻易调换老师。

…………

上面说到维也纳派的 repose［和谐恬静］，推想当是一种闲适恬淡而又富于旷达胸怀的境界，有点儿像陶靖节、杜甫（某一部分田园写景）、苏东坡、辛稼轩（也是田园曲与牧歌式的词）。但我还捉摸不到真正维也纳派的所谓 repose［和谐恬静］，不知你的体会是怎么回事？

近代有名的悲剧演员可分两派：一派是浑身投入，忘其所以，观众好像看到真正的剧中人在面前歌哭；情绪的激动，呼吸的起伏，竟会把人在火热的浪潮中卷走，Sarah Bernhardt［莎拉·伯恩哈特］即是此派代表（巴黎有她的纪念剧院）。一派刻划人物惟妙惟肖，也有大起大落的激情，同时又处处有一个恰如其分的节度，从来不流于"狂易"之境。心理学家说这等演员似乎有双重人格：既是演员，同时又是观众。演员使他与剧中人物合一，观众使他一切演技不会过火（即是能入能出的那句老话）。因为他随时随地站在圈子以外冷眼观察自己，故即使到了猛烈的高潮峰顶仍然能控制自己。以艺术而论，我想第二种演员应当是更高级。观众除了与剧中人发生共鸣，亲身经受强烈的情感以外，还感到理性节制的伟大，人不被自己情欲完全支配的伟大。这伟大也就是一种美。感情的美近于火焰的美、浪涛的美、疾风暴雨之美，或是风和日暖、鸟语花香的美；理性的美却近于钻石的闪光，星星的闪光，近于雕刻精工的美、完满无疵的美，也就是智慧之美！情感与理性平衡所以最美，因为是最上乘的人生哲学、生活艺术。

记得好多年前我已与你谈起这一类话。现在经过千百次实际登台的阅历，大概更能体会到上述的分析可应用于音乐了吧？去冬你岳父来信说，你弹两支莫扎特协奏曲，能把强烈的感情纳入古典的形式之内，他意思即是指感情与理性的平衡。但你还年轻，出台太多，往往体力不济，或技巧不够放松，难免临场紧张，或是情不由己，be carried away［难以自抑］。并且你整个品性的涵养也还没到此地步。不过早晚你会在这方面成功的，尤其技巧有了大改进以后。

八月十九日

近几年来常常想到人在大千世界、星云世界中多么微不足道，因此更感到人自命为万物之灵实在狂妄可笑。但一切外界的事物仍不断对我发生强烈的作用，引起强烈的反应和波动，忧时忧国不能自已；另一时期又觉得转眼之间即可撒手而去，一切于我何有哉！这一类矛盾的心情几乎经常控制了我：主观上并无出世之意，事实上常常浮起虚无幻灭之感。个人对一切感觉都敏锐、强烈，而常常又自笑愚妄。不知这是现代中国知识分子的共同苦闷，还是我特殊的气质使然。即使想到你，有些安慰，却也立刻会想到随时有离开你们的可能，你的将来，你的发展，我永远看不见的了，你十年二十年后的情形，对于我将永远是个谜，正如世界上的一切，人生的一切，到我脱离尘世之时都将成为一个谜——个人消灭了，茫茫宇宙照样进行，个人算得什么呢！

八月三十一日夜

八月二十四日接十八日信，高兴万分。你最近的学习心得引起我许多感想。杰老师的话真是至理名言，我深有同感。会学的人举一反三，稍经点拨，即能跃进。不会学的不用说闻一以知十，连闻一以知一都不容易办到，甚至还要缠夹，误入歧途，临了反抱怨老师指引错了。所谓会学，条件很多，除了悟性高以外，还要足够的人生经验。暑假中教敏读王尔德《温德米尔夫人的扇子》，life is a speculation 一句，我解释了几遍，似乎他仍不甚了了。现代青年头脑太单纯，说他纯洁固然不错，无奈遇到现实，纯洁没法作为斗争的武器，倒反因天真幼稚而多走不必要的弯路。玩世不恭、cynical〔愤世嫉俗〕的态度当然为我们所排斥，但不懂得什么叫作 cynical 也反映入世太浅，眼睛只会朝一个方向看。周总理最近批评我们的教育，使青年只看见现实世界中没有的理想人物，将来到社会上去一定感到失望与苦闷。胸襟眼界狭小的人，即使老辈告诉他许多旧社会的风俗人情，也几乎会骇而却走。他们既不懂得人是从历史上发展出来的，经过几千年上万年的演变过程才有今日的所谓文明人，所谓社会主义制度下的人，一切也就免不了管中窥豹之弊。这种人倘使学文学艺术，要求体会比较复杂的感情，光暗交错、善恶并列的现实人生，就难之又难了。要他们从理论到实践，从抽象到具体，样样结合起来，也极不容易。但若不能在理论→实践、实践→理论、具体→抽象、抽象→具体中不断来回，任何学问都难以入门。

┄┄┄┄┄┄

最后你提到你与我气质相同的问题，确是非常中肯。你我秉性都过敏，容易紧张。而且凡是热情的人多半流于执著，有 fanatic〔狂热〕倾向。你的观察与分析一点不错。我也常说应该学学周伯伯那种潇洒、超脱、随意游戏的艺术风格，冲淡一下太多的主观与肯定，所谓 positivism［自信独断］。无奈向往是一事，能否做到是另一事。有时个性竟是顽强到底，什么都扭它不过。幸而你还年轻，不像我业已定型；也许随着阅历与修养，加上你在音乐中的熏陶，早晚能获致一个既有热情又能冷静、能入能出的境界。总之，今年你请教 Kabos［卡波斯］太太后，所有的进步是我与杰老师久已期待的；我早料到你并不需要到四十左右才悟到某些淡泊、朴素、闲适之美——像去年四月《泰晤士报》评论你两次肖邦音乐会所说的。附带又想起批评界常说你追求细节太过，我相信事实确是如此，你专追一门的劲也是 fanatic［狂热］得厉害，比我还要执著。或许近两个月以来，在这方面你也有所改变了吧？注意局部而忽视整体，雕琢细节而动摇大的轮廓固谈不上艺术；即使不妨碍完整，雕琢也要无斧凿痕，明明是人工，听来却宛如天成，才算得艺术之上乘。这些常识你早已知道，问题在于某一时期目光太集中在某一方面，以致耳不聪、目不明，或如孟子所说"明察秋毫而不见舆薪"。一旦醒悟，回头一看，自己就会大吃一惊，正如一九五五年时你何等欣赏米开兰琪利，最近却弄不明白当年为何如此着迷。

九月一日

早在一九五七年李赫特在沪演出时，我即觉得他的舒伯特没有 grace［优雅］。以他的身世而论，很可能于不知不觉中走上神秘主义的路。生活在另外一个世界中，那世界只有他一个人能进去，其中的感觉、刺激、形象、色彩、音响都另有一套，非我们所能梦见。神秘主义者往往只有纯洁、朴素、真诚，但缺少一般的温馨妩媚。便是文艺复兴初期的意大利与佛兰德斯宗教画上的grace［优雅］也带一种圣洁的他世界的情调，与十九世纪初期维也纳派的风流蕴藉，熨帖细腻，同时也带一些淡淡的感伤的柔情毫无共通之处。而斯拉夫族，尤其俄罗斯民族的神秘主义又与西欧的罗马正教一派的神秘主义不同。听众对李赫特演奏的反应如此悬殊也是理所当然的。二十世纪六十年代的人还有几个能容忍音乐上的神秘主义呢？至于捧他上天的批评只好目之为梦呓，不值一哂。

从通信所得的印象，你岳父说话不多而含蓄甚深，涵养功夫极好，但一言半语中流露出他对人生与艺术确有深刻的体会。以他成年前所受的教育和那么严格的纪律而论，能长成为今日这样一个独立自由的人，在艺术上保持鲜明的个性，已是不大容易的了；可见他秉性还是很强，不过藏在内里，一时看不出罢了。他自己在书中说："我外表是赫夫齐芭，内心是雅尔太。"但他坚强的个性不曾发展到他母亲的路上，没有那种过分的民族自傲，也算大幸。

…………

你与弥拉之间能如此融洽也是不容易的了。她年幼未经世事，偶有差错亦在意料之中。但若与一般（不论国内国外）同

197

年龄的女子相比，恐怕弥拉也是属于纯洁、懂事、肯刻苦一类的了。凡事不能有绝对标准，只能用比较的眼光看待一切。要一个像她那样出身的女孩子接近你的理想，必须以极大的忍耐，极长的时间，做感染与教育的工作。（"娇气"是家庭与社会共同培养出来的，故最难革除。）主要仍在于以身作则。你既有自知之明，相信你定会以容忍的态度应付。只要共同的理想不变，高远的目标始终成为双方追求的对象，心爱你那种艺术气氛中的弥拉自会一天一天进步的，假如你自己也在一天一天的进步。

············

弥拉初婚时来信一本正经提及要作预算，要储蓄：我们非常快慰。八个月来不知执行情况如何？此次访美访澳，收入较多，务须作好长久计划，万不能在外见物即买。弥拉年轻，你该多出主意。最好在去美以前就平心静气与她商量商量，以免临时为了用钱而争执。在外四个月，演出紧张，你们二人尤其要"和平共处"，不能有细小风波，切记切记。

九月二日

昨天乘凉前后，独自想了很多，心中很难过：觉得对敏的责备不太公平。我对他从小起就教育不够：初期因他天资差，开窍迟，我自己脾气又不好；后期完全放任，听凭学校单独负责；他入大学后我也没写长信（除了一次以外）与他。像五四至五七,五九至现在我写给你的那样的信，一封也不曾给敏写过。无论在学业方面，做人方面，我都未尽教导之责。当然他十年来思想演变与你大异，使我没法多开口；但总觉得对你给的很多，对他给的太少，良心上对不起他。今后要想法补救一下才是。

这封信陆陆续续写了三天，和你谈话是永远谈不完的。唯一的安慰是发现你逐渐成熟，愈来愈了解我，减少我精神上孤独寂寞之感。你每来一次信，就仿佛你回家来看我们一次！

九月二日中午

九月是你比较空闲的一月，我屡次要你去博物馆看画，无论如何在这个月中去一二回！先定好目标看哪一时期的哪一派，集中看，切勿分散精力。早期与中期文艺复兴（意大利派）也许对你理解斯卡拉蒂更有帮助。造型艺术与大自然最能培养一个人身心的 relax［舒泰］!

九月十三日灯下

林先生的作品八幅，总算于今日下午航空寄出了。从五日起九天之内，妈妈跑了七次，外贸局的许可证真不容易领到。事实上一切手续都已备齐，并非不准出口；但不积压几天似乎显不出掌印的尊严。所谓 red tape［官僚习气］，世界各国都一样。以后但望你有办法在外装裱，不装裱的可在信内寄，事情就简单多了。前信要你探听的两点务望照办，并来信告知结果。

画到以后，立即通知我们，并写明收到日期。一则妈妈辛苦了一场，连日睡觉也没睡好，让她早早知道事情圆满成功；二则花了四十余元航空费，我们也急欲知道究竟迅速到什么程度。

其次，画一到，就该于一两日内决定你自己究竟要哪两张，选定后马上送去配框子（原来你已配好的林画画框，或许背后还有地方，可将新画压一张在下面，如我们常用的办法。那么你只要添一新框即行，否则多了框子也麻烦），装上框子，才是保护作品最可靠的办法。送卡波斯太太的也该迅速选定。大尺寸而且裱的层数多，老卷着不大好，尤其幅数多，不能卷得太小太紧（我们因为邮寄，不能不卷得较紧，你收到后却须大大放松着卷。白铅皮的芯子你不能再用，卷松时将芯子留在里面，反而要损害作品！），存放待售各件，保藏需特别小心，既要防潮，又要防鼠齿。你们俩离英将达四个月，不可不事先妥善安放，最好外面里面裹柏油纸，倘存放在大箱子或柜子内，四周多放些樟脑精，一般的樟脑丸（如弹子大小的那种）是化学制品；樟脑精是天然树脂，味道浓烈，放多了连耗子也受不了，所以比较保险。以上种种千万细说与弥拉听。总之，这批画不但以艺术品论应当小心保护，抑且代人办事（一方面对林先生、一方面对国外友人）也得郑重周到；妈妈为之流了多少汗，费了多少手脚，也值得你加倍珍惜。她除了寄递时奔走七次以外，从五月起上林先生家先后五次，电话不计其数；为了装裱荣宝斋也去过三回。我们不是诉苦或是丑表功，只不过要你知道这件小事做来大不容易，要你们俩特别重视，把以后的几步也做得尽善尽美！

九月十四日

你工作那么紧张，不知还有时间和弥拉谈天吗？我无论如何忙，要是一天之内不与你妈谈上一刻钟十分钟，就像漏了什么功课似的。时事感想，人生或大或小的事务的感想，文学艺术的观感，读书的心得，翻译方面的问题，你们的来信，你的行踪……上下古今，无所不谈，拉拉扯扯，不一定有系统，可是一边谈一边自己的思想也会整理出一个头绪来，变得明确；而妈妈今日所达到的文化、艺术与人生哲学的水平，不能不说一部分是这种长年的闲谈熏陶出来的。去秋你信中说到培养弥拉，不知事实上如何做？也许你父母数十年的经历和生活方式还有值得你参考的地方。以上所提的日常闲聊便是熏陶人最好的一种方法。或是饭前饭后或是下午喝茶（想你们也有英国人喝 tea 的习惯吧）的时候，随便交换交换意见，无形中彼此都得到不少好处：启发，批评，不知不觉的提高自己，提高对方。总不能因为忙，各人独自生活在一个小圈子里。少女少妇更忌精神上的孤独。共同的理想、热情，需要长期不断的灌溉栽培，不是光靠兴奋时说几句空话所能支持的。而一本正经的说大道理，远不如日常生活中琐琐碎碎的一言半语来得有效——只要一言半语中处处贯彻你的做人之道和处世的原则。孩子，别因为埋头于业务而忘记了你自己定下的目标，别为了音乐的艺术而抛荒生活的艺术。弥拉年轻，根基未固，你得耐性细致、孜孜不倦的关怀她，在人生琐事方面、读书修养方面、感情方面，处处观察、分析、思索，以诚挚深厚的爱做原动力，以冷静的理智做行动的指针，加以教导、加以诱引，和她一同进步！倘或做这些工作的时候有什么困难，千万告诉我们，可帮你出主意解决。你在音乐艺术中固然只许成功，不许失败；在人生艺术中、婚姻艺术中也只许成功，不许失败！这是你爸爸妈妈最关心的，也是你一生幸福所系。而且你很明白，像你这种性格的人，人生没法与艺术分离，所以要对你的艺术有所贡献，家庭生活与夫妇生活更需要安排得美满。语重心长，但愿你深深体会我们爱你和爱你的艺术的热诚，从而在行动上彻底实践！

我老想帮助弥拉，但自知手段笨拙，深怕信中处处流露出说教口吻和家长面孔。青年人对中年老年人另有一套看法，尤其西方少妇。你该留意我的信对弥拉起什么作用：要是她觉得我太古板、太迂等等，得赶快告诉我，让我以后对信中的措辞多加修饰。我决不嗔怪她，可是我极需要知道她的反应来调节我教导的方式方法。你务须实事求是，切勿粉饰太平，歪曲真相：日子久了，这个办法只能产生极大的弊害。你与她有什么不协和，我们就来解释、劝说；她与我们之间有什么不协和，你就来解释、劝说，这样才能做到所谓"同舟共济"。我在中文信中谈的问题，你都可挑出一二题目与她讨论；我说到敏的情形也好告诉她：这叫作旁敲侧击，使她更了解我们。我知道她家务杂务、里里外外忙得不可开交，故至今不敢在读书方面督促她。我屡屡希望你经济稳定，早日打定基础，酌量减少演出，使家庭中多些闲暇，一方面也是为了弥拉的进修（要人进修，非给相当时间不可）。我一再提议你去森林或郊外散步，去博物馆欣赏名作，大半为了你，一小半也是为了弥拉。多和大自然与造型艺术接触，无形中能使人恬静旷达（古人所云"荡涤胸中尘俗"，大概即是此意），维持精神与心理的健康。在众生万物前面不自居为"万物之灵"，方能祛除我们的狂妄，打破纸醉金迷的俗梦，养成淡泊洒脱的胸怀，同时扩大我们的同情心。欣赏前人的遗迹，看到人类伟大的创造，才能不使自己被眼前的局势弄得悲观，从而鞭策自己，竭尽所能的在尘世留下些少成绩。以上不过是与大自然及造型艺术接触的好处的一部分，其余你们自能体会。

你对狄阿娜夫人与岳父的意见，大概决不会与外人谈到吧？上流社会，艺术界，到处都有搬嘴舌的人，必须提防。别因为对方在这些问题上与你看法相同，便流露出你的心腹（一个人上当最多就是在这种场合）。特别对你岳父的意见，你务必"讳莫如深"，只跟我们谈；便是弥拉前面也不宜透露，她还没有到年纪，不能冷静分析从小崇拜的父亲。再说，一个名流必有或多或少忌妒的人；社会上对你岳父的议论都得用自己的头脑来分析过，与事实核对过；否则不能轻易信服。

九月十四日晨

前几日细细翻阅你一九六〇、一九六一两年的节目，发觉你练的新作品寥寥无几。一方面演出太多，一方面你的表达方式与技术正在波动与转变，没有时间精力与必要的心情练新作品。这些都不难理解；但为长久之计，不能不及早考虑增加"曲码"的问题。预计哪一年可腾出较多的时间，今后的日课应如何安排以便挤出时间来，起居生活的细节应如何加速动作，不让占去很多工作时间……都有待于仔细筹划。

九月十四日下午又书

十月五日深夜

等了好久，昨晚才收到弥拉的信。没料到航空寄的画竟和信一样快。我挑选的作品你们俩都喜爱，可见我与你们的眼光与口味完全一致，也叫我非常高兴。

…………

八、九两月你统共只有三次演出，但似乎你一次也没去郊外或博物馆。我知道你因技术与表达都有大改变，需要持续加工和巩固；访美的节目也得加紧准备；可是两个月内毫不松散也不是办法。两年来我不知说了多少次，劝你到森林和博物馆走走，你始终不能接受。孩子，我多担心你身心的健康和平衡；一切都得未雨绸缪，切勿到后来悔之无及。单说技巧吧，有时硬是别扭，倘若丢开一个下午，往大自然中跑跑，或许下一天就能顺利解决。人的心理活动总需要一个酝酿的时期，不成熟时硬要克服难关，只能弄得心烦意躁，浪费精力。音乐理解亦然如此。我始终觉得你犯一个毛病，太偏重以音乐本身去领会音乐。你的思想与信念并不如此狭窄，很会海阔天空的用想象力；但与音乐以外的别的艺术，尤其大自然，实际上接触太少。整天看谱、练琴、听唱片……久而久之会减少艺术的新鲜气息，趋于抽象、闭塞，缺少生命的活跃与搏击飞纵的气势。我常常为你预感到这样一个危机，不能不舌敝唇焦，及早提醒，要你及早防止。你的专业与我的大不同。我是不需要多大创新的，我也不是有创新才具的人：长年关在家里不致在业务上有什么坏影响。你的艺术需要时时刻刻的创造，便是领会原作的精神也得从多方面（音乐以外的感受）去探讨：正因为过去的大师就是从大自然，从人生各方面的材料中"泡"出来的，把一切现实升华为 emotion［感情］与 sentiment［情操］，所以表达他们的作品也得走同样的路。这些理论你未始不知道，但似乎并未深信到身体力行的程度。另外我很奇怪：你年纪还轻，应该比我爱活动；你也强烈的爱好自然，怎么实际生活中反而不想去亲近自然呢？我记得很清楚，我二十二三岁在巴黎、瑞士、意大利以及法国乡间，常常在月光星光之下，独自在林中水边踏着绿茵，呼吸浓烈的草香与泥土味、溪水味，或是借此舒散苦闷，或是沉思默想。便是三十多岁在上海，一逛公园就觉得心平气和，精神健康多了。太多与刺激感官的东西（音乐便是刺激感官最强烈的）接触，会不知不觉失去身心平衡。你既憧憬希腊精神，为何不学学古希腊人的榜样呢？你既热爱陶潜、李白，为什么不试试去体会"采菊东篱下，悠然见南山"的境界（实地体会）呢？你既从小熟读克利斯朵夫，总不致忘了克利斯朵夫与大自然的关系吧？还有造型艺术，别以家中挂的一些为满足，干吗不上大英博物馆去流连一下呢？大概你会回答我说没有时间，做了这样就得放弃那样。可是暑假中比较空闲，难道去一两次郊外与美术馆也抽不出时间吗？只要你有兴致，便是不在假中，也可能特意上美术馆，在心爱的一两幅画前面呆上一刻钟半小时。不必多，每次只消集中一两幅，来回统共也花不了一个半小时，无形中积累起来的收获可是不小呢！你说我信中的话，你"没有一句是过耳不入"的，好吧，那么在这方面希望你思想上慢慢酝酿，考虑我的建议，有机会随时试一试，怎么样？行不行呢？我一生为你的苦心，你近年来都体会到了。可是我未老先衰，常有为日无多之感，总想尽我仅有的一些力量，在我眼光所能见到的范围以内帮助你，指导你，特别是早早指出你身心与艺术方面可能发生的危机，使你能预先避免。"语重心长"这四个字形容我对你的态度是再贴切没有了。只要你真正爱你的爸爸，爱你自己，爱你的艺术，一定会郑重考虑我的劝告，接受我数十年如一日的这股赤诚的心意！

　　你也很明白，钢琴上要求放松先要精神上放松，过度的室内生活与书斋生活恰恰是造成现代知识分子神经紧张与病态的主要原因；而萧然意远、旷达恬静、不滞于物、不凝于心的境界只有从自然界中获得，你总不能否认吧？

还有很重要的一点：弥拉比你小五岁，应该是喜欢活动的年纪。你要是闭户家居，岂不连带她感到岑寂枯索？而看她的气质，倒也很爱艺术与大自然，那就更应该同去欣赏，对彼此都有好处。只有不断与森林、小溪、花木、鸟兽、虫鱼和美术馆中的杰作亲炙的人，才会永远保持童心、纯洁与美好的理想。培养一个人，空有志愿有什么用？主要从行动着手！无论多么优秀的种籽，没有适当的环境、水土、养分，也难以开花结果，说不定还会中途变质或夭折。弥拉的妈妈诺拉本性何尝不好、不纯洁，就是与伊虚提之间缺少一个共同的信仰与热爱，缺少共同的devotion［努力目标］，才会如此下场。即使有了共同的理想与努力的目标，仍然需要年纪较长的伙伴给她熨帖的指点，带上健全的路，帮助她发展，给她可能发展的环境和条件。你切不可只顾着你的艺术，也得分神顾到你一生的伴侣。二十世纪登台演出的人更非上一世纪的演奏家叫比，他要紧张得多，工作繁重得多，生活忙乱得多，更有赖于一个贤内助。所以分些精神顾到弥拉（修养、休息、文娱活动……），实际上仍是为了你的艺术；虽然是间接的，影响与后果之大却非你意想所及。你首先不能不以你爸爸的缺点——脾气暴躁为深戒，其次不能期待弥拉也像你妈妈一样和顺。在西方女子中，我与你妈妈都深切感到弥拉已是很好的好脾气了，你该知足，该约制自己。天下父母的心总希望子女活得比自己更幸福；只要我一旦离开世界的时候，对你们俩的结合能有确切不移的信心，也是我一生极大的酬报了！

十一月至明春二月是你去英后最忙的时期，也是出入重大的关头；旅途辛苦，演出劳累，难免神经脆弱，希望以最大的忍耐控制一切，处处为了此行的使命与祖国荣辱攸关着想。但愿你明年三月能够以演出与性情脾气双重的成功报告我们，那我们真要快乐到心花怒放了！——放松，放松！精神上彻底的轻松愉快，无挂无碍，将是你此次双重胜利的秘诀！

另一问题始终说服不了你，但为你的长久利益与未来的幸福不得不再和你唠叨。你历来厌恶物质，避而不谈；殊不知避而不谈并不解决问题，要不受物质之累，只有克服物质、控制物质，把收支情况让我们知道一个大概，帮你出主意妥善安排。唯有妥善安排才能不受物质奴役。凡不长于理财的人少有不吃银钱之苦的。我和你妈妈在这方面自问还有相当经验可给你作参考。你怕烦，不妨要弥拉在信中告诉我们。她年少不更事，只要你从旁怂恿一下，她未始不愿向我们学学理财的方法。你们早晚要有儿女，如不及早准备，临时又得你增加演出来弥补，对你的艺术却无裨益。其次要弥拉进修、多用些书本功夫，也该给她时间；目前只有一个每周来两次的 maid［女佣］，可见弥拉平日处理家务还很忙。最好先逐步争取，经济上能雇一个每日来帮半天的女佣。每年暑假至少要出门完全休息两星期。这种种都得在家庭收支上调度得法，订好计划，方能于半年或一年之后实现。当然主要在于实际执行而不仅仅是一纸空文的预算和计划。唱片购买也以随时克制为宜，勿见新即买。我一向主张多读谱，少听唱片，对一个像你这样的艺术家帮助更大。读谱好比弹琴用 urtext①，听唱片近乎用某人某人 edit［编］的谱。何况我知道你十年二十年后不一定永远当演奏家；假定还可能向别方面发展，长时期读谱也是极好的准备。我一心一意为你打算，不论为目前或将来，尤其为将来。你忙，没空闲来静静的分析，考虑；倘我能代你筹划筹划，使我身后你还能得到我一些好处——及时播种的好处，那我真是太高兴了。

---

① 指"净版"，剔除了后人标记与诠释的原始版本。

一九六二年

早一日露面，晚一日露面，对真正的艺术修养并无关系。希望你能目光远大，胸襟开朗……身外之名，只是为社会上一般人所追求、惊叹，对个人本身的渺小与伟大都没有相干。

——一九五六年七月

一月二十一日

读来信，感触万端。年轻的民族活力固然旺盛，幼稚的性情脾气少接触还觉天真可爱，相处久了恐怕也要吃不消的。我们中国人总爱静穆，沉着，含蓄，讲 taste［品味，鉴赏力］，遇到 silly［愚蠢，糊涂］的表现往往会作恶。生命力旺盛也会带咄咄逼人的意味，令人难堪。我们朋友中即有此等性格的，我常有此感觉。也许我自己的 dogmatic［固执，武断］气味，人家背后已在怨受不了呢。我往往想，像美国人这样来源复杂的民族究竟什么是他的定型，什么时候才算成熟。他们二百年前的祖先不是在欧洲被迫出亡的宗教难民（新旧教都有，看欧洲哪个国家而定；大多数是新教徒——来自英法。旧教徒则来白荷兰及北欧），便是在事业上栽了筋斗的人，不是年轻的淘金者便是真正的强盗和杀人犯。这些人的后代，反抗与斗争性特别强是不足为奇的，但传统文化的熏陶欠缺，甚至于绝无仅有也是想象得到的。只顾往前直冲，不问成败，什么都可以孤注一掷，一切只问眼前，冒起危险来绝不考虑值不值得，不管什么场合都不难视生命如鸿毛：这一等民族能创业，能革新，但缺乏远见和明智，难于守成，也不容易成熟；自信太强，不免流于骄傲，看事太轻易，未免幼稚狂妄。难怪资本主义到了他们手里会发展得这样快，畸形得这样厉害。我觉得他们的社会好像长着一个癌：少数细胞无限制的扩张，把其他千千万万的细胞吞掉了；而千千万万的细胞在未被完全吞掉以前，还自以为健康得很，"自由""民主"得很呢！

…………

Paul Paray［保罗·巴雷］一段写得很动人——不，其实是事情很动人。所谓天涯无处无知己，不独于肖邦为然，于你亦然，对每个人都一样！这种接触对一个青年艺术家就是一种教育。你岳父的传记中不少此类故事。惟其东零西碎还有如此可爱的艺术家，在举世拜金潮的时代还能保持一部分干净的园地，鼓舞某些纯洁的后辈前进。但愿你建议与 Max Rudolf［马克斯·鲁道夫］合作，灌片公司肯接受。

一月二十一日下午

没想到澳洲演出反比美洲吃重，怪不得你在檀香山不早写信。重温巴托克，我听了很高兴，有机会弹现代的东西就不能放过，便是辛苦些也值得。对你的音乐感受也等于吹吹新鲜空气。

你能讨祖岳父母的喜欢，着实不容易。听弥拉口气，她的祖父母不大容易喜欢人，即使最亲近的家属也如此。我猜想两老的脾气大概和我差不多吧？

这次弥拉的信写得特别好，细腻、婉转，显出她很了解你，也对你的艺术关切到一百二十分。从头至尾感情丰富，而且文字也比以前进步。我得大大夸奖她一番才好。此次出门，到处受到华侨欢迎，对她也大有教育作用，让她看看我们的民族的气魄，同时也能培养她的热情豪侠。我早知道你对于夫妇生活的牢骚不足为凭。第一，我只要看看我自己，回想自己的过去，就知道你也是遇事挑剔，说话爱夸大，往往三分事实会说成六七分；其次青年人婚后，特别是有性格的人，多半要经过长时期的摸索方始能逐渐知情识性，相处融洽。恐怕此次旅行，要不是她始终在你身旁，你要受到许多影响呢。琐碎杂务最打扰人，尤其你需要在琴上花足时间，经不起零星打搅。我们一年多观察下来，弥拉确是本性善良、绝顶聪明的人，只要耐着性子，多过几年，一切小小的对立自会不知不觉的解决的。总而言之，我们不但为你此次的成功感到欣慰，也为你们两人一路和谐相处感到欣慰！

一月二十一日夜

二月二十一日夜

今年春节假期中来客特别多，有些已四五年不见面了。雷伯伯也从芜湖回申（他于一九五八年调往安徽皖南大学），听了你最近的唱片，说你的肖邦确有特点，诗意极浓，近于李白的味道。此话与你数年来的感受不谋而合。可见真有艺术家心灵的人总是一拍即合的。雷伯伯远在内地，很少接触音乐的机会，他的提琴亦放弃多年，可是一听到好东西马上会感受。想你听了也高兴。他是你的开蒙钢琴老师，亦是第一个赏识你的人（一九五二年你在兰心演出半场，他事后特意来信，称道你沉浸在音乐内的忘我境界，国内未有前例），至今也仍然是你的知己。

三月二十五日

很高兴看到你的中文并不退步，除了个别的词汇。读你的信，声音笑貌历历在目；议论口吻所流露的坦率、真诚、朴素、热情、爱憎分明，正和你在琴上表现出来的一致。孩子，你说过我们的信对你有如一面镜子，其实你的信对我们也是一面镜子。有些地方你我二人太相像了，有些话就像是我自己说的。平时盼望你的信即因为"薰莸同臭"，也因为对人生、艺术，周围可谈之人太少。不过我们很原谅你，你忙成这样，怎么忍心再要你多写呢？此次来信已觉出于望外，原以为你一回英国，演出那么多，不会再动笔了。可是这几年来，我们俩最大的安慰和快乐，的确莫过于定期接读来信。还得告诉你，你写的中等大的字（如此次评论封套上写的）非常好看；近来我的钢笔字已难看得不像话了。你难得写中国字，真难为你了！

四月一日

月初看了盖叫天口述、由别人笔录的《粉墨春秋》，倒是解放以来谈艺术最好的书。人生—教育—伦理—艺术，再没有结合得更完满的了。从头至尾都有实例，决不是枯燥的理论。关于学习，他提出"慢就是快"，说明根基不打好，一切都筑在沙上，永久爬不上去。我觉得这一点特别值得我们深思。倘若一开始就猛冲，只求速成，临了非但一无结果，还造成不踏实的坏风气。德国人要不在整个十九世纪的前半期埋头苦干，在每一项学问中用死功夫，哪会在十九世纪末一直到今天，能在科学、考据、文学各方面放异彩？盖叫天对艺术更有深刻的体会。他说学戏必须经过一番"默"的功夫。学会了唱、念、做，不算数；还得坐下来叫自己"魂灵出窍"，就是自己分身出去，把一出戏默默的做一遍、唱一遍；同时自己细细观察，有什么缺点该怎样改，然后站起身来再做、再唱、再念。那时定会发觉刚才思想上修整很好的东西又跑了，做起来同想的完全走了样。那就得再练，再下苦功，再"默"，再做。如此反复做去，一出戏才算真正学会了，拿稳了。你看，这段话说得多透彻，把自我批评贯彻得多好！老艺人的自我批评决不放在嘴边，而是在业务中不断实践。其次，经过一再"默"练，作品必然深深的打进我们心里，与我们的思想感情完全化为一片。此外，盖叫天现身说法，谈了不少艺术家的品德、操守、做人，必须与艺术一致的话。我觉得这部书值得写一长篇书评：不仅学艺术的青年、中年、老年人，不论学的哪一门，应当列为必读书，便是从上到下一切的文艺领导干部也该细读几遍；做教育工作的人读了也有好处。不久我就把这书寄给你，你一定喜欢，看了也一定无限兴奋。

八月十二日

很少这么久不给你写信的。从七月初起你忽而维也纳，忽而南美，行踪飘忽，恐去信落空。弥拉又说南美各处邮政很不可靠，故虽给了我许多通讯处，也不想寄往那儿。七月二十九日用七张风景片写成的信①已于八月九日收到。委内瑞拉的城街，智利的河山，前年曾在外国杂志上见过彩色照相，来信所云，颇能想象一二。现代国家的发展太畸形了，尤其像南美那些落后的国家。一方面人民生活穷困，一方面物质的设备享用应有尽有。照我们的理想，当然先得消灭不平等，再来逐步提高。无奈现代史实告诉我们，革命比建设容易，消灭少数人所垄断的享受并不太难，提高多数人的生活却非三五年、八九年所能见效。尤其是精神文明，总是普及易，提高难；而在普及的阶段中往往降低原有的水准，连保持过去的高峰都难以办到。再加老年、中年、青年

---

① 傅聪在南美巡回演出期间，曾于波哥大用七张明信片写成一信。

三代脱节，缺乏接班人，国内外沟通交流几乎停止，恐怕下一辈连什么叫标准，前人达到过怎样的高峰，眼前别人又到了怎样的高峰，都不大能知道；再要迎头赶上也就更谈不到了。这是前途的隐忧。过去十一二年中所造成的偏差与副作用，最近一年正想竭力扭转；可是十年种的果，已有积重难返之势；而中老年知识分子的意气消沉的情形，尚无改变迹象——当然不是从他们口头上，而是从实际行动上观察。人究竟是唯物的，没有相当的客观条件，单单指望知识界凭热情苦干，而且干出成绩来，也是不现实的。我所以能坚守阵地，耕种自己的小园子，也有我特殊优越的条件，不能责望于每个人。何况就以我来说，体力精力的衰退，已经给了我很大的限制，老是感到心有余而力不足！

九月二日

听过你的唱片，更觉得贝多芬是部读不完的大书，他心灵的深度、广度的确代表了日耳曼民族在智力、感情、感觉方面的特点，也显出人格与意志的顽强，飘渺不可名状的幽思，上天下地的幻想，对人生的追求，不知其中有多少深奥的谜。贝多芬实在不仅仅是一个音乐家，无怪罗曼·罗兰要把歌德与贝多芬作为不仅是日耳曼民族并且是全人类的两个近代的高峰。

…………

我们听你唱片如见真人，此中意义与乐处，非你所能想象。

望体念父母思子之心，把唱片源源寄来，以慰悬念于万一！妈妈好想念你！

中国古画赝者居绝大多数，有时连老辈鉴赏家也不易辨别，不妨去大英博物馆，看看中国作品，特别是明代的，可与你所得唐寅，对照一下。你在南美买的唐六如册页，真伪恐有问题，是纸本抑绢本，水墨抑设色，望一一告知，最好拍照片（适当放大）寄来。以后遇有此种大名家的作品，最要小心提防，价高者尤不能随便肯定，若价不过昂，则发现问题后，尚可转让与人，不致太吃亏，我平时不收大名家，宁取"冷名头"，因冷名头不值钱，作假者少，但此等作品亦极难遇，最近看到黄宾虹的画亦有假的。

············

想到你们俩的忙碌，不忍心要求多动笔，但除了在外演出，平时你们该反过来想一想：假定我们也住在伦敦，难道每两星期不得上你们家吃一顿饭，你们也得花费一两小时陪我们谈谈话吗？今既相隔万里，则每个月花两小时写封比较详细的信，不也应该而且比同在一地已经省掉你们很多时间吗？要是你们能常常做此想，就会多给我们一些消息了。

九月二十三日

前信已和你建议找个时期休息一下，无论在身心健康或艺术方面都有必要。你与我缺点相同：能张不能弛，能劳不能逸。可是你的艺术生活不比我的闲散，整月整年，天南地北的奔波，一方面体力精力消耗多，一方面所见所闻也需要静下来消化吸收——而这两者又都与你的艺术密切相关。何况你条件比我好，音乐会虽多，也有空隙可利用；随便哪个乡村待上三天五天也有莫大好处。听说你岳父岳母正在筹备于年底年初到巴伐利亚区阿尔卑斯山中休养，照样可以练琴。我觉得对你再好没有：去北美之前正该养精蓄锐。山中去住两三星期一涤尘秽，便是寻常人也会得益。狄阿娜来信常常表示关心你，看来也是出于真情。岳父母想约你一同去山中的好意千万勿辜负了。望勿多所顾虑，早日打定主意，让我们和弥拉一起高兴高兴。真的，我体会得很清楚：不管你怎么说，弥拉始终十二分关怀你的健康和艺术。而我为了休息问题也不知向你提过多少回了，如果是口头说的话，早已舌敝唇焦了。你该知道我这个爸爸不仅是爱孩子，而且热爱艺术；爱你也就是为爱艺术，爱艺术也是为爱你！你千万别学我的样，你我年龄不同，在你的年纪，我也不像你现在足不出户。便是今日，只要物质条件可能，每逢春秋佳日，还是极喜欢徜徉于山巅水涯呢！

十月二十日

　　十四日信发出后第二天即接瑞典来信，看了又高兴又激动，本想即复，因日常工作不便打断，延到今天方始提笔。这一回你答复了许多问题，尤其对舒曼的表达解除了我们的疑团。我既没亲耳听你演奏，即使听了也够不上判别是非好坏，只有从评论上略窥一二；评论正确与否完全不知道，便是怀疑人家说的不可靠，也没有别的方法得到真实报道。可见我不是把评论太当真，而是无法可想。现在听你自己分析，当然一切都弄明白了。以后还是跟我们多谈谈这一类的问题，让我们经常对你的艺术有所了解。

文章千古事，得失寸心知，哪一门艺术不如此！真懂是非、识得美丑的，普天之下能有几个？你对艺术上的客观真理很执著，对自己的成绩也能冷静检查，批评精神很强，我早已放心你不会误入歧途；可是单知道这些原则并不能了解你对个别作品的表达，我要多多探听这方面的情形：一方面是关切你，一方面也是关切整个音乐艺术，渴欲知道外面的趋向与潮流。

你常常梦见回来，我和你妈妈也常常有这种梦。除了骨肉的感情，跟乡土的千丝万缕割不断的关系，纯粹出于人类的本能之外，还有一点是真正的知识分子所独有的，就是对祖国文化的热爱。不单是风俗习惯、文学艺术，使我们离不开祖国，便是对大大小小的事情的看法和反应，也随时使身处异乡的人有孤独寂寞之感。但愿早晚能看到你在我们身边！你心情的复杂矛盾，我敢说都体会到，可是一时也无法帮你解决。原则和具体的矛盾，理想和实际的矛盾，生活环境和艺术前途的矛盾，东方人和西方人根本气质的矛盾，还有我们自己内心的许许多多矛盾……如何统一起来呢？何况旧矛盾解决了，又有新矛盾，循环不已，短短一生就在这过程中消磨！幸而你我都有工作寄托，工作上的无数的小矛盾，往往把人生中的大矛盾暂时遮盖了，使我们还有喘息的机会。至于"认真"受人尊重或被人讪笑的问题，事实上并不像你说的那么简单，一切要靠资历与工作成绩的积累。即使在你认为更合理的社会中，认真而受到重视的实例也很少；反之在乌烟瘴气的场合，正义与真理得胜的事情也未始没有。你该记得一九五六至一九五七年间毛主席说过党员若欲坚持真理，必须准备经受折磨等等的话，可见他把事情看得多透彻多深刻。再回想一下罗曼·罗兰写的《名人传》和《约翰·克利斯朵夫》，执著真理一方面要看客观的环境，一方面更在于主观的斗争精神。客观环境较好，个人为斗争付出的代价就比较小，并非完全不要付代价。以我而论，侥幸的是青壮年时代还在五四运动的精神没有消亡，而另一股更进步的力量正在兴起的时期，并且我国解放前的文艺界和出版界还没有被资本主义腐蚀到不可救药的地步。反过来，一百三十年前的法国文坛、报界、出版界，早已腐败得出乎我们意想之外；但法国学术至今尚未完全死亡，至今还有一些认真严肃的学者在钻研：这岂不证明便是在恶劣的形势之下，有骨头，有勇气，能坚持的人，仍旧能撑持下来吗？

十一月二十五日

　　敏尚在京等待分配，回母校当助教已不可能，就是说一边工作一边跟专家进修的机会没有了。大概在北京当中学教员，单位尚未定。他心情波动，再加女友身体坏极，又多了一个包袱。我们当然去信劝慰。青年初出校门，未经锻炼，经不起挫折。过去的思想训练，未受实际生活陶冶，仍是空的。从小的家庭环境使他重是非，处处认真，倒是害苦了他。在这个年纪上还不懂现实与理想的距离，即使理性上认识到，也未能心甘情愿的接受。只好等社会教育慢慢的再磨炼他。

十一月二十五日

　　本月初弥拉信中谈到理想主义者不会快乐，艺术家看事情与一般人大大不同等等，足见她对人生有了更深的了解。我们很高兴。可见结婚两年，她进步了不少，人总要到婚后才成熟。

一九六三年

孩子，你尽管忙，家信还是要多写，即使短短几行也可以……你不知父母常常在心里惦念，沉默久了，就要怕你身体是否健康……一定要收到了你的信，才『一块石头落地』！

——一九五四年十一月

三月十七日

两个多月没给你提笔了，知道你行踪无定，东奔西走，我们的信未必收到，收到也无心细看。去纽约途中以及在新墨西哥发的信均先后接读；你那股理想主义的热情着实可惊，相形之下，我真是老朽了。一年来心如死水，只有对自己的工作还是一个劲儿死干；对文学艺术的热爱并未稍减，只是常有一种"废然而返""怅然若失"的心情。也许是中国人气质太重，尤其是所谓"洒脱"与"超然物外"的消极精神影响了我，也许是童年的阴影与家庭历史的惨痛经验无形中在我心坎里扎了根，年纪越大越容易人格分化，好像不时会置身于另外一个星球来看尘世，也好像自己随时随地会失去知觉，化为物质的元素。天文与地质的宇宙观常常盘踞在我脑子里，像服尔德某些短篇所写的那种境界，使我对现实多多少少带着 detached［超然］的态度。可是在工作上，日常生活上，斤斤较量的认真还是老样子，正好和上述的心情相反——可以说人格分化；说不定习惯成了天性，而自己的天性又本来和我理智冲突。intellectually［理智上］我是纯粹东方人，emotionally & instinctively［感情上及天性方面］又是极像西

227

方人。其实也仍然是我们固有的两种人生观：一种是四大皆空的看法，一种是知其不可为而为之的精神。或许人从青少年到壮年到老年，基本上就是从积极到消极的一个过程，只是有的人表现得明显一些，有的人不明显一些。自然界的生物也逃不出这个规律。你将近三十，正是年富力强的时候，好比暮春时节，自应蓬蓬勃勃往发荣滋长的路上趱奔。最近两信的乐观与积极气息，多少也给我一些刺激，接信当天着实兴奋了一下。你的中国人的自豪感使我为你自豪，你善于赏识别的民族与广大人民的优点使我感到宽慰。唯有民族自豪与赏识别人两者结合起来，才不致沦为狭窄的沙文主义，在个人也不致陷于自大狂自溺狂，而且这是爱国主义与国际主义真正的交融。我们的领导对国际形势是看得很清楚的，从未说过美国有爆发国内革命的可能性的话，你前信所云或许是外国记者的揣测和不正确的引申。我们的问题，我觉得主要在于如何建设社会主义，如何在生产关系改变之后发挥个人的积极性，如何从实践上、物质成就上显示我们制度的优越性，如何使口头上的"红"化为事业上的"红"，如何防止集体主义不被官僚主义拖后腿，如何提高上上下下干部的领导水平，如何做到实事求是，如何普及文化而不是降低，如何培养与爱护下一代……

述及与你岳父及 Goldberg［戈尔德贝格］合作的经过，我们看了非常高兴。肯学会学的人到处都有学习的机会，否则"学到老"这句话如何兑现呢？……

六月二日晚

你最近在伦敦的两场音乐会，要不是弥拉来信说明，我们几乎不明白真相。《曼彻斯特导报》的评论似乎有些分析，我是外行，不知其中可有几分说得对的？既然批评界敌意持续至一年之久，还是多分析分析自己，再多问问客观、中立、有高度音乐水平的人的意见。我知道你自我批评很强，但外界的敌意仍应当使我们对自己提高警惕：也许有些不自觉的毛病，自己和相熟的朋友们不曾看出。多探讨一下没有害处。若真正是批评界存心作对，当然不必介意。历史上受莫名其妙的指摘的人不知有多少，连伽利略、服尔德、巴尔扎克辈都不免，何况区区我辈！主要还是以君子之心度人，作为借鉴之助，对自己只有好处。老话说得好：是非自有公论，日子久了自然会黑白分明！

七月二十二日

五十多天不写信了。千言万语，无从下笔；老不写信又心神不安；真是矛盾百出。我和妈妈常常梦见你们，声音笑貌都逼真。梦后总想写信，也写过好几次没写成。我知道你的心情也波动得很。有理想就有苦闷，不随波逐流就到处龃龉。可是能想到易地则皆然，或许会平静一些。生年不满百，常怀千岁忧：此二语可为你我写照。两个多月没有你们消息，但愿身心健康，勿过紧张。你俩体格都不很强壮，平时总要善自保养。劳逸调剂得好，才是久长之计。我们别的不担心，只怕你工作过度，连带弥拉也吃不消。任何耽溺都有流弊，为了耽溺艺术而牺牲人生也不是明智的！

九月一日

很高兴知道你终于彻底休息了一下。瑞士确是避暑最好的地方。三十四年前我在日内瓦的西端，一个小小的法国村子里住过三个月，天天看到白峰（Mont Blanc）上的皑皑积雪，使人在盛暑也感到一股凉意。可惜没有去过瑞士北部的几口湖，听说比日内瓦湖更美更幽。你从南非来的信上本说要去希腊，那儿天气太热，不该在夏季去。你们改变游程倒是聪明的。威尼斯去了没有？其实意大利北部几口湖也风景秀丽，值得小住几天。相信这次旅行定能使你感觉新鲜，精神上洗个痛快的澡。弥拉想来特别快乐。她到底身体怎样？在 Zurich［苏黎世］疗养院检查结果又怎么样？除了此次的明信片以外，她从五月十日起没有来过信，不知中间有没有遗失？我写到 Gstaad 的信，你们收到没有？下次写信来，最好提一笔我信上的编号，别笼笼统统只说"来信都收到"。最好也提一笔你们上一封信的日期，否则丢了信也不知道。七月下旬勃隆斯丹夫人有信来，报告你们二月中会面的情形，简

直是排日描写，不仅详细，而且事隔五月，字里行间的感情还是
那么强烈，看了真感动。世界上这样真诚，感情这样深的人是不
多的！

十月十四日

　　你赫辛斯基来信和弥拉伦敦来信都收到。原来她瑞士写过一
信，遗失了。她写起长信来可真有意思：报告意大利之行又详细
又生动。从此想你对意大利绘画，尤其威尼斯派，领会得一定更
深切。瑞士和意大利的湖泊都在高原上，真正是山高水深，非
他处所及。再加人工修饰，古迹林立，令人缅怀以往，更加徘徊
不忍去。我们的名胜最吃亏的是建筑：先是砖木结构，抵抗不了
天灾人祸、风雨侵蚀；其次，建筑也是中国艺术中比较落后的
一门。

　　接弥拉信后，我大查字典，大翻地图和旅行指南。一九三一
年去罗马时曾买了一本《蓝色导游》（Guide Bleu）中的《意大
利》，厚厚一小册，五百多面，好比一部字典。这是法国最完全
最详细的指南，包括各国各大城市（每国都是一厚册），竟是
一部旅行丛书。你们去过的几口湖，Maggiore, Lugarno, Como,
Iseo, Garda［马焦雷湖，卢加诺湖，科莫湖，伊塞奥湖，加尔达
湖］，你们歇宿的 Stresa［斯特雷萨］和 Bellagio［贝拉焦］都在
图上找到了，并且每个湖各有详图。我们翻了一遍，好比跟着你

们"神游"了一次。弥拉一路驾驶，到底是险峻的山路，又常常摸黑，真是多亏她了，不知驾的是不是你们自己的车，还是租的？

此刻江南也已转入暮秋，桂花已谢，菊花即将开放。想不到伦敦已是风啊雨啊雾啊，如此沉闷！我很想下月初去天目山（浙西）赏玩秋色，届时能否如愿，不得而知。一九四八年十一月曾和仑布伯伯同去东西天目，秋色斑斓，江山如锦绣，十余年来常在梦寐中。

《高老头》已改讫，译序也写好寄出。如今写序要有批判，极难下笔。我写了一星期，几乎弄得废寝忘食，紧张得不得了。至于译文，改来改去，总觉得能力已经到了顶，多数不满意的地方明知还可修改，却都无法胜任，受了我个人文笔的限制。这四五年来愈来愈清楚的感觉到自己的 limit［局限］，仿佛一道不可超越的鸿沟。

十一月三日

最近一信使我看了多么兴奋，不知你是否想象得到？真诚而努力的艺术家每隔几年必然会经过一次脱胎换骨，达到一个新的高峰。能够从纯粹的感觉（sensation）转化到观念（idea）当然是迈进一大步，这一步也不是每个艺术家所能办到的，因为同各人的性情气质有关。不过到了观念世界也该提防一个 pitfall［陷阱]：在精神上能跟踪你的人越来越少的时候，难免钻牛角尖，走上太抽象的路，和群众脱离。哗众取宠（就是一味用新奇唬人）和取媚庸俗固然都要不得，太沉醉于自己理想也有它的危险。我这话不大说得清楚，只是具体的例子也可以作为我们的警戒。李赫特某些演奏某些理解很能说明问题。归根结蒂，仍然是"出"和"入"的老话。高远绝俗而不失人间性人情味，才不会叫人感到 cold［冷漠］。像你说的"一切都远了，同时一切也都近了"，正是莫扎特晚年和舒伯特的作品达到的境界。古往今来的最优秀的中国人多半是这个气息，尽管 sublime［崇高］，可不是 mystic［神秘］（西方式的）；尽管超脱，仍是 warm, intimate, human［温馨，亲切，有人情味］到极点！你不但深切了解这些，你的性格也有这种倾向，那就是你的艺术的 safeguard［保障］。基本上我对你的信心始终如一，以上有些话不过是随便提到，作为"闻者足戒"的提示罢了。

我和妈妈特别高兴的是你身体居然不摇摆了：这不仅是给听众的印象问题，也是一个对待艺术的态度，掌握自己的感情，控制表现，能入能出的问题，也具体证明你能化为一个 idea［意念］，而超过了被音乐带着跑，变得不由自主的阶段。只有感情净化，人格升华，从 dramatic［起伏激越］进到 contemplative［凝神沉思］的时候，才能做到。可见这样一个细节也不是单靠注意所能解决的，修养到家了，自会迎刃而解。（胸中的感受不能完全在手上表达出来，自然会身体摇摆，好像无意识的要"手舞足蹈"的帮助表达。我这个分析你说对不对？）

　　相形之下，我却是愈来愈不行了。也说不出是退步呢，还是本来能力有限，以前对自己的缺点不像现在这样感觉清楚。越是对原作体会深刻，越是欣赏原文的美妙，越觉得心长力绌，越觉得译文远远的传达不出原作的神韵。返工的次数愈来愈多，时间也花得愈来愈多，结果却总是不满意。时时刻刻看到自己的 limit ［局限］，运用脑子的 limit ［局限］，措辞造句的 limit ［局限］，先天的 limit ［局限］——例如句子的转弯抹角太生硬，色彩单调，说理强而描绘弱，处处都和我性格的缺陷与偏差有关。自然，我并不因此灰心，照样"知其不可为而为之"，不过要心情愉快也很难了。工作有成绩才是最大的快乐：这一点你我都一样。

　　另外有一点是肯定的，就是西方人的思想方式同我们距离太大了。不做翻译工作的人恐怕不会体会到这么深切。他们刻画心理和描写感情的时候，有些曲折和细腻的地方，复杂烦琐，简直与我们格格不入。我们对人生琐事往往有许多是认为不值一提而省略的，有许多只是罗列事实而不加分析的，如果要写情就用诗人的态度来写；西方作家却多半用科学家的态度，历史学家的态度（特别巴尔扎克），像解剖昆虫一般。译的人固然懂得了，也感觉到它的特色、妙处，可是要叫思想方式完全不一样的读者领会就难了。思想方式反映整个的人生观、宇宙观和几千年文化的发展，怎能一下子就能和另一民族的思想沟通呢？你很幸运，音乐不像语言的局限性那么大，你还是用音符表达前人的音符，不是用另一种语言文字，另一种逻辑。

真了解西方的东方人，真了解东方人的西方人，不是没有，只是稀如星凤。对自己的文化遗产彻底消化的人，文化遗产决不会变成包袱，反而养成一种无所不包的胸襟，既明白本民族的长处短处，也明白别的民族的长处短处，进一步会截长补短，吸收新鲜的养料。任何孤独都不怕，只怕文化的孤独，精神思想的孤独。你前信所谓孤独，大概也是指这一点吧？

尽管我们隔得这么远，彼此的心始终在一起，我从来不觉得和你有什么精神上的隔阂。父子两代之间能如此也不容易：我为此很快慰。

一九六四年

人不知而不愠是人生最高修养，

自非一时所能达到。……人言籍籍，

自当格外反躬自省，多征求真正内

行而善意的师友的意见。

——一九六四年四月

三月一日

弥拉的信比你从加拿大发的早到四天。我们听到喜讯，都说不出的快乐，妈妈更是坐也不是，立也不是，兴奋几日。她母性强，抱孙心切，已经盼望很久了，常说：怎么聪还没有孩子呢？每次长时期不接弥拉来信，总疑心她有了喜不舒服。我却是担心加重你的负担，也怕你们俩不得自由：总之，同样的爱儿女，不过看问题的角度不同而已。有责任感的人遇到这等大事都不免一则以喜，一则以忧。可是结婚的时候早知道有这么一天，也不必临时慌张。回想三十年前你初出世的一刹那，在医院的产妇科外听见你妈妈呻吟，有一种说不出的"肃然"的感觉，仿佛从那时起才真正体会到做母亲的艰苦与伟大，同时感到自己在人生中又迈了一大步。一个人的成长往往是不自觉的，但你母亲生你的时节，我对自己的长成却是清清楚楚意识到的，至今忘不了。相信你和弥拉到时也都会有类似的经验。

有了孩子，父母双方为了爱孩子，难免不生出许多零星琐碎的争执，应当事先彼此谈谈，让你们俩都有个思想准备：既不要在小地方固执，也不必为了难免的小争执而闹脾气。还有母性特强的妻子，往往会引起丈夫的妒忌，似乎一有孩子，自己在妻子心中的地位缩小了很多——这一点不能不先提醒你。因为大多数的西方女子，母性比东方女子表现得更强——我说"表现"，因为东方人的母爱，正如别的感情一样，不像西方女子那么显著的形诸于外。但过分的形诸于外，就容易惹动丈夫的妒意。

在经济方面，与其为了孩子将临而忧虑，不如切实想办法，好好安排一下。衣、食、住、行的固定开支，每月要多少，零用要多少，以量入为出的原则全面做一个计划，然后严格执行。大多数人的经验，总是零用不易掌握，最需要克制功夫。遇到每一笔非生活必需开支，都得冷静的想一想，是否确实必不可少。我平时看到书画、文物、小玩艺儿（连价钱稍昂的图书在内），从不敢当场就买，总是左思右想，横考虑竖考虑，还要和妈妈商量再决定；很多就此打消了。凡是小玩艺儿一类，过了十天八天，欲望自然会淡下来的。即使与你研究学问有关的东西，也得考虑一下是否必需，例如唱片，少买几张也未必妨碍你艺术上的进步。只有每一次掏出钱去的时候，都经过一番客观的思索，才能贯彻预算，做到收支平衡而还能有些小小的储蓄。我们在最困难的时候，曾经把每月的每一笔开支，分别装在信封内，写明"伙食""水电""图书"等等；一个信封内的钱用完了，决不挪用别的信封内的钱，更不提前用下个月的钱。现在查看账目，便是那几年花费最少。我们此刻还经常检查账目，看上个月哪几样用途是可用不可用的，使我们在本月和以后的几个月内注意节约。我不是要你如法炮制，而是举实例给你看，我们是用什么方法控制开销的。

"理财"，若作为"生财"解，固是一件难事，作为"不亏空而略有储蓄"解，却也容易做到。只要有意志，有决心，不跟自己妥协，有狠心压制自己的 fancy［一时的爱好］！老话说得好：开源不如节流。我们的欲望无穷，所谓"欲壑难填"，若一手来一手去，有多少用多少，即使日进斗金也不会觉得宽裕的。既然要保持清白，保持人格独立，又要养家活口，防旦夕祸福，更只有自己紧缩，将"出口"的关口牢牢把住。"入口"操在人家手中，你不能也不愿奴颜婢膝的乞求；"出口"却完全操诸我手，由我做主。你该记得中国古代的所谓清流，有傲骨的人，都是自甘淡泊的清贫之士。清贫二字为何连在一起，值得我们深思。我的理解是，清则贫，亦惟贫而后能清！我不是要你"贫"，仅仅是约制自己的欲望，做到量入为出，不能说要求太高吧！这些道理你全明白，无须我啰嗦，问题是在于实践。你在艺术上想得到，做得到，所以成功；倘在人生大小事务上也能说能行，只要及到你艺术方面的一半，你的生活烦虑也就十分中去了八分。古往今来，艺术家多半不会生活，这不是他们的光荣，而是他们的失败。失败的原因并非真的对现实生活太笨拙，而是不去注意，不下决心。因为我所谓"会生活"不是指发财、剥削人或是啬刻，做守财奴，而是指生活有条理，收支相抵而略有剩余。要做到这两点，只消把对付艺术的注意力和决心拿出一小部分来应用一下就绰乎有余了!

…………

至于弥拉,记得你结婚以前有过培养她的意思,即使结果与你的理想仍有距离,(哪个人的理想能与现实一致呢?)也不能说三年来没有成绩。首先,你近两年来信中不止一次的提到,你和她的感情融洽多了;证明你们互相的了解是在增进,不是停滞。这便是夫妇之爱的最重要的基础。其次,她对我们的感情,即使在海外娶的中国媳妇,也未必及得上她。很多朋友的儿子在外结婚多年,媳妇(还是中国人)仍像外人一般,也难得写信,哪像弥拉和我们这么亲切!最后,她对孩子的教育(最近已和我们谈了),明明是接受了你的理想。她本人也想学中文,不论将来效果如何,总是"其志可嘉"。对中国文化的仰慕爱好,间接表示她对你的赏识。固然她很多孩子气,许多地方还不成熟,但孩子气的优点是天真无邪。她对你的艺术的理解与感受,恐怕在西方女子中也不一定很多。她至少不是冒充风雅的时髦女子,她对艺术的态度是真诚的。五九年八月以前的弥拉和六四年一月的弥拉,有多少差别,只有你衡量得出。我相信你对她做的工作并没有白费。就算是她走得慢一些,至少在跟着你前进。

再说,做一个艺术家的妻子,本来很难,做你的妻子,尤其不容易。一般的艺术家都少不了仆仆风尘。可不见得像你我这样喜欢闭户不出,过修院生活。这是西方女子很难适应的。而经常奔波,视家庭如传舍(即驿站、逆旅)的方式,也需要 Penelope

［珀涅罗珀］对待 Ulysses［尤利西斯］那样坚贞的耐性才行——要是在这些方面，弥拉多少已经习惯，便是很大的成功，值得你高兴的了。我们还得有自知之明：你脾气和我一样不好，即使略好，也不过五十步与百步。想到这个，夫妇之间的小小争执，也许责任是一半一半，也许我这方面还要多担一些责任——我国虽然有过五四运动，新女性运动（一九二〇年前后），夫权还是比西方重，西方妇女可不容易接受这一点。我特别提出，希望你注意。至于持家之道，你也不能以身作则的训练人家；你自己行事就很难做到有规律有条理，经常旅行也使你有很大困难：只能两人同时学习，多多商量。我相信你们俩在相忍相让上面已有不少成就。只是艺术家的心情容易波动，常有些莫名其妙的骚扰、烦闷、苦恼，影响家庭生活。平时不妨多冷静的想到这些，免得为了小龃龉而动摇根本。你信中的话，我们并不太当真。两个年轻人相处，本来要摸索多年。我以上的话，你思想中大半都有，我不过像在舞台上做一番"提示"工作。特别想提醒你的是信念，对两人的前途的信念。若存了"将来讲究如何，不得而知"的心，对方早晚体会得到，那就动了根本，一切不好办了。往往会无事变小事，小事变大事；反之，信念坚定，就会大事化小，小事化无。再过一二十年，你们回顾三十岁前后的生活，想起两人之间的无数小争执，定会哑然失笑。你不是说你已经会把事情推远去看么？这便是一个实例。预先体会十年二十年以后的感想，往往能够使人把眼前的艰苦看淡。

总之，你的生活艺术固然不及你的音乐艺术，可也不是没有进步，没有收获。安德烈·莫洛阿说过：夫妇之间往往是智力较差，意志较弱的一个把较高较强的一个往下拉，很少较高较强的一个能把较差较弱的对方往上提。三年来你至少是把她往上提，这也足以使你感到安慰了。

弥拉要学中文，最好先进"东方语言学校"之类开蒙。我即将寄一本《汉英合璧》给她，其中注音字母，你可以先教她。这是外国传教士编的，很不错。China Inland Missiom 中文名叫"内地会"，解放后当然没有了。当年在牯岭，有许多房子便是那个团体的。他们做学问确实下了一番苦功。教弥拉要非常耐性，西方人学东方语言，比东方人学西方语言难得多。先是西方语言是分析的，东方语言是综合的、暗示的、含蓄的。并且我们从小有学西方语言的环境。你对弥拉要多鼓励，少批评，否则很容易使她知难而退。一切慢慢来，不要急。记住盖叫天的话：慢就是快！你也得告诉她这个道理。开头根基打得扎实，以后就好办。

孩子的教育，眼前不必多想。将来看形势再商量。我们没有不愿意帮你们解决的。名字待我慢慢想，也需要 inspiration［灵感］。弥拉怀孕期间，更要让她神经安静，心情愉快。定期检查等等，你们有的是医生，不必我们多说。她说胃口不好，胖得 like a cow［像头母牛］，这倒要小心，劝她克制一些。母体太胖，婴儿也跟着太胖，分娩的时候，大人和小孩都要吃苦的！故有孕时不宜过分劳动，却也不宜太不劳动。

....

像我们这种人，从来不以恋爱为至上，不以家庭为至上，而是把艺术、学问放在第一位，作为人生目标的人，对物质方面的烦恼还是容易摆脱的，可是为了免得后顾之忧，更好的从事艺术与学问，也不能不好好的安排物质生活；光是瞧不起金钱，一切取消极态度，早晚要影响你的人生最高目标——艺术的！希望克日下决心，在这方面采取行动！一切保重！

四月十二日

前天偶尔想起，你们要是生女孩子的话，外文名字不妨叫 Gracia［葛拉齐亚］①，此字来历想你一定记得。意大利字读音好听，grace［雅致］一字的意义也可爱。弥拉不喜欢名字太普通，大概可以合乎她的条件。阴历今年是甲辰，辰年出生的人肖龙，龙从云，风从虎，我们提议女孩子叫"凌云"（Lin Yun），男孩子叫"凌霄"（Lin Sio）。你看如何？男孩的外文名没有 inspiration［灵感］，或者你们决定，或者我想到了以后再告。这些我都另外去信讲给弥拉听了。（凌云＝to tower over the clouds，凌霄＝to tower over the sky，我和 Mira［弥拉］就是这样解释的。）

———————————

①《约翰·克利斯朵夫》中的人物角色。

四月二十四日

　　昨天才寄出一封长信，今日即收到四月十四日信，却未提及我四月十二日由你岳家转的信，不知曾否收到，挂念得很！

　　孤独的感觉，彼此差不多，只是程度不同，次数多少有异而已。我们并未离乡背井，生活也稳定，比绝大多数人都过得好；无奈人总是思想太多，不免常受空虚感的侵袭。唯一的安慰是骨肉之间推心置腹，所以不论你来信多么稀少，我总尽量多给你写信，但愿能消解一些你的苦闷与寂寞。只是心愿是一件事，写信的心情是另一件事：往往极想提笔而精神不平静，提不起笔来；或是勉强写了，写得十分枯燥，好像说话的声音口吻僵得很，自己听了也不痛快。

　　一方面狂热、执著，一方面洒脱、旷达、怀疑，甚至于消极：这个性格大概是我遗传给你的。妈妈没有这种矛盾，她从来不这么极端。弥拉常说你跟我真像，可见你在她面前提到我的次数不可胜计，所以她虽未见过我一面，也像多年相识一样。

　　你们夫妇关系，我们从来不真正担心过。你的精神波动，我们知之有素，千句并一句，只要基本信心不动摇，任何小争执大争执都会跟着时间淡忘的。我三月二日信中的结论就是这话。人生的每个阶段都是一边学一边过的，从来没有一个人具备了所有的（理论上的）条件才结婚，才生儿育女的。你为了孩子而惶惶然，表示你对人生态度严肃，却也不必想得太多。一点不想是不负责任，当然不好；想得过分也徒然自苦，问题是彻底考虑一番，下决心把每个阶段的事情做好，想好办法实行就是了。

人不知而不愠是人生最高修养，自非一时所能达到。对批评家的话我过去并非不加保留，只是增加了我的警惕。即是人言籍籍，自当格外反躬自省，多征求真正内行而善意的师友的意见。你的自我批评精神，我完全信得过；可是艺术家有时会钻牛角尖而自以为走的是独创而正确的路。要避免这一点，需要经常保持冷静和客观的态度。所谓艺术上的 illusion ［幻觉］，有时会蒙蔽一个人到几年之久的。至于批评界的黑幕，我近三年译巴尔扎克的《幻灭》，得到不少知识。一世纪前尚且如此，何况今日！二月号《音乐与音乐家》杂志上有一篇 Karaian ［卡拉扬］的访问记，说他对于批评只认为是某先生的意见，如此而已。他对所钦佩的学者，则自会倾听，或者竟自动去请教。这个态度大致与你相仿。

…………

认真的人很少会满意自己的成绩，我的主要苦闷即在于此。所不同的，你是天天在变，能变出新体会、新境界、新表演，我则是眼光不断提高而能力始终停滞在老地方。每次听你的唱片总心上想：不知他现在弹这个曲子又是怎么一个样子了。

你老是怕对父母不尽心，我老是怕成为你的包袱，尤其从六一年以后，愈了解艺术劳动艰苦，愈不忍多花你的钱。说来说去，是大家顾着大家。

十月三十一日

几次三番动笔写你的信都没有写成，而几个月的保持沉默也使我魂不守舍，坐立不安。我们从八月到今的心境简直无法形容。①你的处境，你的为难（我猜想你采取行动之前，并没和国际公法或私法的专家商量过。其实那是必要的），你的迫不得已的苦衷，我们都深深的体会到，怎么能责怪你呢？可是再彻底的谅解也减除不了我们沉重的心情。民族自尊心受了伤害，非短时期内所能平复；因为这不是一个"小我"的、个人的荣辱得失问题。便是万事随和处处乐观的你的妈妈，也耿耿于怀，伤感不能自已。不经过这次考验，我也不知道自己在这方面的感觉有这样强。一九五九年你最初两信中说的话，以及你对记者发表的话，自然而然的，不断的回到我们脑子里来，你想，这是多大的刺激！我们知道一切官方的文件只是一种形式，任何法律手续约束不了一个人的心——在这一点上我们始终相信你；我们也知道，文件可以单方面的取消，只是这样的一天遥远得望不见罢了。何况理性是理性，感情是感情，理性悟透的事情，不一定能叫感情接受。不知你是否理解我们几个月沉默的原因，能否想象我们这

---

① 指傅聪为了演出生计，无奈入了英国籍之事。

一
九
六
四
年

一回痛苦的深度？不论工作的时候或是休息的时候，精神上老罩着一道阴影，心坎里老压着一块石头，左一个譬解，右一个譬解，总是丢不下，放不开。我们比什么时候都更想念你，可是我和妈妈都不敢谈到你：大家都怕碰到双方的伤口，从而加剧自己的伤口。我还暗暗的提心吊胆，深怕国外的报纸、评论，以及今后的唱片说明提到你这件事。……孩子出生的电报来了，我们的心情更复杂了。这样一件喜事发生在这么一个时期，我们的感觉竟说不出是什么滋味，百感交集，乱糟糟的一团，叫我们说什么好呢？怎么表示呢？所有这一切，你岳父都不能理解。他有他的民族性，他有他民族的悲剧式的命运（这个命运，他们两千年来已经习为故常，不以为悲剧了），看法当然和我们不一样。然而我决不承认我们的看法是民族自大，是顽固，他的一套是开明、是正确。他把国籍看作一个侨民对东道国应有的感激的表示，这是我绝对不同意的！至于说弥拉万一来到中国，也必须入中国籍，所以你的行动可以说是有往有来等等，那完全是他毫不了解中国国情所作的猜测。我们的国家从来没有一条法律，要外国人入了中国籍才能久居！接到你岳父那样的信以后，我并不作复，为的是不愿和他争辩；可是我和他的意见分歧点应当让你知道。

孩子不足两个月，长得如此老成，足见弥拉成绩不错。大概她全部精力花在孩子身上了吧？家里是否有女工帮忙，减少一部分弥拉的劳累？做父母是人生第二大关，你们俩的性情脾气，连人生观等等恐怕都会受到影响。但愿责任加重以后，你们支配经济会更合理，更想到将来（谁敢担保你们会有几个儿女呢？），更能克制一些随心所欲的冲动，减少一些不必要的开支。孩子初生（一星期）的模样的确像襁褓中的你。后来几次的相片，尤其七星期的一张，眼睛与鼻梁距离较大，明明有了外家的影子——弥拉也更像她父亲了。不过婴儿的变化将来还多着呢。

一九六五年

一个人唯有敢于正视现实，正视错误，用理智分析，彻底感悟，终不至于被回忆侵蚀。

——一九五四年十月

一月二十八日

　　将近六个月没有你的消息，我甚至要怀疑十月三十一日发的信你是否收到。上月二十日左右，几乎想打电报：如今跟以往更是不同，除了你们两人以外，又多了一个娃娃增加我们的忧虑。大人怎么样呢？孩子怎么样呢？是不是有谁闹病了？……毕竟你妈妈会体贴，说你长期的沉默恐怕不仅为了忙，主要还是心绪。对啦，她一定猜准了。你生活方面思想方面的烦恼，虽然我们不知道具体内容，总还想象得出一个大概。总而言之，以你的气质，任何环境都不会使你快乐的。你自己也知道。既然如此，还不如对人生多放弃一些理想；理想只能在你的艺术领域中去追求，那当然也永远追求不到，至少能逐渐接近，并且学术方面的苦闷也不致损害我们的心理健康。即使在排遣不开的时候，也希望你的心绪不要太影响家庭生活。归根到底，你现在不是单身汉，而是负着三口之家的责任。用老话来说，你和弥拉要相依为命。外面的不如意事固然无法避免，家庭的小风波总还可以由自己掌握。客观的困难已经够多了，何必再加上主观的困难呢？当然这需要双方共同的努力，但自己总该竭尽所能的做去。处处克制些，冷静些，多些宽恕，少些苛求，多想自己的缺点，多想别人的长处。生活——尤其夫妇生活——之难，在于同弹琴一样，要时时刻刻警惕，才能不出乱子，或少出乱子。总要存着风雨同舟的思想，求一个和睦相处相忍相让的局面，挨过人生这个艰难困苦的关。这是我们做父母的愿望。能同艺术家做伴而日子过得和平顺适的女子，古往今来都寥寥无几。千句并一句，尽量缩小一个我字，也许是解除烦闷、减少纠纷的唯一的秘诀。久久得不到你们俩的信，我们总要担心你们俩的感情，当然也担心你们俩的健康，但对你们的感情更关切，因为你们找不到一个医生来治这种病，而且这是骨肉之间出于本能的忧虑。就算你把恶劣的心情瞒着也没用。我们不但同样焦急，还因为不知底细而胡乱猜测，急这个，急那个，弄得寝食不安。假如以上劝告你认为毫无根据，那更证明长期的沉默，会引起我们焦急到什么程度。你也不能忘记，你爸爸所以在这些事情上经常和你唠叨，因为他是过来人，不愿意上一代犯的错误在下一代身上重演。我和你说这一类的话永远抱着自责的沉痛的心情的！

从你南美回来以后，九个多月中的演出，我们一无所知；弥拉提到一言半语又叫我们摸不着头脑。那个时期到目前为止的演出表，可不可以补一份来？（以前已经提过好几回了！）在你只要花半小时翻翻记事本，抄一抄。这种惠而不费的，一举手之劳的事能给我们多少喜悦，恐怕你还不能完全体会。还有你在艺术上的摸索、进展、困难、心得、自己的感受、经验、外界的反应，我们都想知道而近来知道得太少了。——肖邦的《练习曲》是否仍排作日课？巴赫练得怎样了？一九六四年练出了哪些新作品？你过的日子变化多，事情多，即或心情不快，单是提供一些艺术方面的流水账，也不愁没有写信的材料；不比我的工作和生活，三百六十五天如一日，同十年以前谈不上有何分别。

说到我断断续续的小毛病，不必絮烦，只要不躺在床上打断工作，就很高兴了。睡眠老是很坏，脑子停不下来，说不上是神经衰弱还是什么。幸而妈妈身体健旺，样样都能照顾。我脑子一年不如一年，不用说每天七八百字的译文苦不堪言，要换二三道稿子，便是给你写信也非常吃力。只怕身体再坏下去，变为真正的老弱残兵。眼前还是能整天整年——除了闹病——的干，除了翻书，同时也做些研究工作，多亏巴黎不断有材料寄来。最苦的是我不会休息，睡时脑子停不下来，醒时更停不住了。失眠的主要的原因大概就在于此。

你公寓的室内的照片盼望了四年，终于弥拉寄来了几张，高兴得很。孩子的照片，妈妈不知翻来覆去，拿出拿进，看过多少遍了。她母性之强，你是知道的。伦敦必有中文录音带出售，不妨买来让孩子在摇篮里就开始听起来。

二月二十日

半年来你唯一的一封信不知给我们多少快慰。看了日程表，照例跟着你天南地北的神游了一趟，做了半天白日梦。人就有这点儿奇妙，足不出户，身不离斗室，照样能把万里外的世界、各地的风光、听众的反应、游子的情怀，一样一样的体验过来。你说在南美仿佛回到了波兰和苏联，单凭这句话，我就咂摸到你当时的喜悦和激动；拉丁民族和斯拉夫民族的热情奔放的表现也历历如在目前。

照片则是给我们另一种兴奋，虎着脸的神气最像你。大概照相机离得太近了，孩子看见那怪东西对准着他，不免有些惊恐，有些提防。可惜带笑的两张都模糊了（神态也最不像你），下回拍动作，光圈要放大到 F2 或 F3.5，时间用 1/100 或 1/150 秒。若用闪光（即 flash）则用 F11，时间 1/100 或 1/150 秒。望着你弹琴的一张最好玩，最美；应当把你们俩作为特写放大，左手的空白完全不要；放大要五或六英寸才看得清，因原片实在太小了。另外一张不知坐的是椅子是车子？地下一张装中国画（谁的？）的玻璃框，我们猜来猜去猜不出是怎么回事，望说明！

你父性特别强是像你妈，不过还是得节制些，第一勿妨碍你的日常工作，第二勿宠坏了凌霄——小孩儿经常有人跟他玩，成了习惯，就非时时刻刻抓住你不可，不但苦了弥拉，而且对孩子也不好。耐得住寂寞是人生一大武器，而耐寂寞也要自幼训练的！疼孩子固然要紧，养成纪律同样要紧；几个月大的时候不注意，到两三岁时再收紧，大人小儿都要痛苦的。

你的心绪我完全能体会。你说的不错，知子莫若父，因为父母子女的性情脾气总很相像，我不是常说你是我的一面镜子吗？且不说你我的感觉一样敏锐，便是变化无常的情绪，忽而高潮忽而低潮，忽而兴奋若狂，忽而消沉丧气等等的艺术家气质，你我也相差无几。不幸这些遗传（或者说后天的感染）对你的实际生活弊多利少。凡是有利于艺术的，往往不利于生活；因为艺术家两脚踏在地下，头脑却在天上，这种姿态当然不适应现实的世界。我们常常觉得弥拉总算不容易了，你切勿用你妈的性情脾气去衡量弥拉。你得随时提醒自己，你的苦闷没有理由发泄在第三者身上。况且她的童年也并不幸福，你们俩正该同病相怜才对。我一辈子没有做到克己的功夫，你要能比我成绩强，收效早，那我和妈妈不知要多么快活呢！

五月十六日夜

香港的长途电话给我们的兴奋，简直没法形容。五月四日整整一天我和你妈妈魂不守舍，吃饭做事都有些飘飘然，好像在做梦；我也根本定不下心来工作。尤其四日清晨妈妈告诉我说她梦见你还是小娃娃的模样，喂了你奶，你睡着了，她把你放在床上。她这话说过以后半小时，就来了电话！怪不得好些人要迷信梦！萧伯母的信又使我们兴奋了大半日，她把你过港二十三小时的情形详详细细写下来了，连你点的上海菜都一样一样报了出来，多有意思。信、照片，我们翻来覆去看了又看，电话中听到你的声音，今天看到你打电话前夜的人，这才合起来，成为一个完整的你！（我不是说你声音有些变了吗？过后想明白了，你和我一生通电话的次数最少，经过电话机变质以后的你的声音，我一向不熟悉；一九五六年你在北京打来长途电话，当时也觉得你声音异样。）看你五月三日晚刚下飞机的神态，知道你尽管风尘仆仆，身心照样健康，我们快慰之至。你能练出不怕紧张的神经，吃得起劳苦的身体，能应付二十世纪演奏家的生活，归根到底也是得天独厚。我和你妈妈年纪大了，越来越神经脆弱，一点儿小事就会使我们紧张得没有办法。一方面是性格生就，另一方面是多少年安静的生活越发叫我们没法适应天旋地转的现代tempo［节奏］。

五月二十七日

你谈到中国民族能"化"的特点，以及其他关于艺术方面的感想，我都彻底明白，那也是我的想法。多少年来常对妈妈说：越研究西方文化，越感到中国文化之美，而且更适合我的个性。我最早爱上中国画，也是在二十一二岁在巴黎罗浮宫钻研西洋画的时候开始的。这些问题以后再和你长谈。妙的是你每次这一类的议论都和我的不谋而合，信中有些话就像是我写的。不知是你从小受的影响太深了呢，还是你我二人中国人的根一样深？大概这个根是主要原因。

一个艺术家只有永远保持心胸的开朗和感觉的新鲜，才永远有新鲜的内容表白，才永远不会对自己的艺术厌倦，甚至像有些人那样觉得是做苦工。你能做到这一步——老是有无穷无尽的话从心坎里涌出来，我真是说不出的高兴，也替你欣幸不置！

六月十四日

这一回一天两场的演出，我很替你担心，好姆妈说你事后喊手筋痛，不知是否马上就过去？到伦敦后在巴斯登台是否跟平时一样？那么重的节目，舒曼的 Toccata［《托卡塔》］和 Kreisleriana［《克莱斯勒偶记》］都相当别扭，最容易使手指疲劳；每次听见国内弹琴的人坏了手，都暗暗为你发愁。当然主要是方法问题，但过度疲劳也有关系，望千万注意！你从新西兰最后阶段起，前后紧张了一星期，回家后可曾完全松下来，恢复正常？可惜你的神经质也太像我们了！看书兴奋了睡不好，听音乐兴奋了睡不好，想着一星半点的事也睡不着……简直跟你爸爸妈妈一模一样！但愿你每年暑期都能彻底 relax［放松，休憩］，下月去德国就希望能好好休息。年轻力壮的时候不要太逞强，过了四十五岁样样要走下坡路：最要紧及早留些余地，精力、体力、感情，要想法做到细水长流！孩子，千万记住这话：你干的这一行最伤人，做父母的时时刻刻挂念你的健康——不仅眼前的健康，而且是十年二十年后的健康！你在立身处世方面能够洁身自爱，我们完全放心；在节约精力、护养神经方面也要能自爱才好！

你此次两过香港，想必对于我一九六一年春天竭力劝你取消在港的约会的理由，了解得更清楚了，沈先生也来了信，有些情形和我预料的差不多。幸亏他和好姆妈事事谨慎，处处小心，总算平安度过，总的客观反应，目前还不得而知。明年的事第一要看东南亚大局，如越南战事扩大，一切都谈不到。目前对此不能多存奢望。你岳丈想来也会周密考虑的。

此外，你这一回最大的收获恐怕还是在感情方面，和我们三次通话，美中不足的是五月四日、六月五日早上两次电话中你没有叫我，大概你太紧张，当然不是争规矩，而是少听见一声"爸爸"好像大有损失。妈妈听你每次叫她，才高兴呢！好姆妈和好好爹爹①那份慈母般的爱护与深情，多少消解了你思乡怀国的饥渴。昨天同时收到他们俩的长信，妈妈一面念信一面止不住流泪。这样的热情、激动，真是人生最宝贵的东西。我们有这样的朋友（李先生六月四日从下午六时起到晚上九时，心里就想着你的演出。上月二十三日就得到朋友报告，知道你大概的节目），

---

① "好姆妈"即指成家和；"好好爹爹"指成家和的妹妹成家榴。

你有这样的亲长（十多年来天舅舅一直关心你，好姆妈五月底以前的几封信，他都看了，看得眼睛也湿了，你知道天舅舅从不大流露感情的），把你当作自己的孩子一般，也够幸福了。他们把你四十多小时的生活行动描写得详详细细，自从你一九五三年离家以后，你的实际生活我们从来没有知道得这么多的。他们的信，二十四小时内，我们已看了四遍，每看一遍都好像和你团聚一回。可是孩子，你回英后可曾去信向他们道谢？当然他们会原谅你忙乱，也不计较礼数，只是你不能不表示你的心意。信短一些不要紧，却绝对不能杳无消息。人家给了你那么多，怎么能不回报一星半点呢？何况你只消抽出半小时的时间写几行字，人家就够快慰了！刘抗和陈人浩伯伯处唱片一定要送，张数不拘，也是心意为重。此事本月底以前一定要办，否则一出门，一拖就是几个月。

…………

你新西兰信中提到 horizontal［横（水平式）的］与 vertical［纵（垂直式）的］两个字，不知是不是近来西方知识界流行的用语？还是你自己创造的？据我的理解，你说的水平的（或平面的，水平式的），是指从平等地位出发，不像垂直的是自上而下的；换言之，"水平的"是取的渗透的方式，不知不觉流入人的心坎里；垂直的是带强制性质的灌输方式，硬要人家接受。以客观的效果来说，前者是潜移默化，后者是被动的（或是被迫的）接受。不知我这个解释对不对。一个民族的文化假如取的渗透方式，它的力量就大而持久。个人对待新事物或外来的文化艺术采取"化"的态度，才可以达到融会贯通、彼为我用的境界，而不至于生搬硬套，削足适履。受也罢，与也罢，从"化"字出发（我消化人家的，让人家消化我的），方始有真正的新文化。"化"不是没有斗争，不过并非表面化的短时期的猛烈的斗争，而是潜在的长期的比较缓和的斗争。谁能说"化"不包括"批判的接受"呢？

十月四日

　　九月二十九日起眼睛忽然大花，专科医生查不出原因，只说目力疲劳过度，且休息一个时期再看。其实近来工作不多，不能说用眼过度，这几日停下来，连书都不能看，枯坐无聊，沉闷之极。但还想在你离英以前给你一信，也就勉强提起笔来。

　　两周前看完《卓别林自传》，对一九一〇至一九五四年间的美国有了一个初步认识。那种物质文明给人的影响，确非我们意料所及。一般大富翁的穷奢极欲，我实在体会不出有什么乐趣而言。那种哄闹取乐的玩艺儿，宛如五花八门、光怪陆离的万花筒，在书本上看看已经头晕目迷，更不用说亲身经历了。像我这样，简直一天都受不了；不仅心理上憎厌，生理上神经上也吃不消。东方人的气质和他们相差太大了。听说近来英国学术界也有一场论战，有人认为要消灭贫困必须工业高度发展，有的人说不是这么回事。记得一九三〇年我在巴黎时，也有许多文章讨论过类似的题目。改善生活固大不容易；有了物质享受而不受物质奴役，弄得身不由主，无穷无尽的追求奢侈，恐怕更不容易。过惯淡泊生活的东方旧知识分子，也难以想象二十世纪西方人对物质要求的胃口。其实人类是最会生活的动物，也是最不会生活的动物；我看关键是在于自我克制。以往总觉得奇怪，为什么结婚离婚在美国会那么随便。《卓别林自传》中提到他最后一个（也是至今和好的一个）妻子乌娜时，有两句话：As I got to know Oona I was constantly surprised by her sense of humor and tolerance；she could always see the other person's point of view…［我认识乌娜后，发觉她既幽默，又有耐性，常令我惊喜不已；她总是能设身处地，善解人意……］从反面一想，就知道一般美国女子的性格，就可部分的说明美国婚姻生活不稳固的原因。总的印象：美国的民族太年轻，年轻人的好处坏处全有；再加工业高度发展，个人受着整个社会机器的疯狂般的 tempo［节奏］推动，越发盲目，越发身不由主，越来越身心不平衡。这等人所要求的精神调剂，也只能是粗暴、猛烈、简单、原始的娱乐；长此以往，恐怕谈不上真正的文化了。

二次大战前后卓别林在美的遭遇，以及那次大审案，都非我们所能想象。过去只听说法西斯蒂在美国抬头，到此才看到具体的事例。可见在那个国家，所谓言论自由、司法独立等等的好听话，全是骗骗人的。你在那边演出，说话还得谨慎小心，犯不上以一个青年艺术家而招来不必要的麻烦。于事无补，于己有害的一言一语，一举一动，都得避免。当然你早领会这些，不过你有时仍旧太天真，太轻信人（便是小城镇的记者或居民也难免没有 spy［密探］注意你），所以不能不再提醒你！

一九六六年

人一辈子都在高潮低潮中浮沉，唯有庸碌的人，生活才如死水一般；或者要有极高的修养，方能廓然无累，真正的解脱。

——一九五四年十月

一月四日

　　为了急于要你知道收到你们俩来信的快乐，也为了要你去瑞典以前看到此信，故赶紧写此短札。昨天中午一连接到你、弥拉和你岳母的信，还有一包照片，好像你们特意约齐有心给我们大大快慰一下似的，更难得的是同一邮班送上门！你的信使我们非常感动，我们有你这样的儿子也不算白活一世，更不算过去的播种白费气力。我们的话，原来你并没当作耳边风，而是在适当的时间都能一一记起，跟你眼前的经验和感想做参证。凌霄一天天长大，你从他身上得到的教育只会一天天加多；人便是这样：活到老，学到老，学到老，学不了！可是你我都不会接下去想：学不了，不学了！相反，我们都是天生的求知欲强于一切。即如种月季，我也决不甘心以玩好为限，而是当作一门科学来研究；养病期间就做这方面的考据。

　　提到莫扎特，不禁想起你在李阿姨（蕙芳）处学到最后阶段时弹的 *Romance*［《浪漫曲》］和 *Fantasy*［《幻想曲》］，谱子是我抄的，用中国式装裱；后来弹给百器听（第一次去见他），他说这是 artist［音乐家］弹的，不是小学生弹的。这些事，这些话，在我还恍如昨日，大概你也记得很清楚，是不是？

关于柏辽兹和李斯特，很有感想，只是今天眼睛脑子都已不大行，不写了。我每次听柏辽兹，总感到他比德彪西更男性、更雄强、更健康，应当是创作我们中国音乐的好范本。据罗曼·罗兰的看法，法国史上真正的天才（罗曼·罗兰在此对天才另有一个定义，大约是指天生的像潮水般涌出来的才能，而非后天刻苦用功来的）作曲家只有比才和他两个人。

你每月寄二十五镑，以目前而论还嫌多了些；不过既然常有税款支出，也好借此挹注。但愿此数真的不至于使你为难！我们尽管收了你的钱，心里总是摆脱不开许许多多矛盾。弥拉这回的信，感情特别重，话也说得真体贴，有此好媳妇，我们也是几生修得！希望你也知足，以此自豪，能有这样的配偶也是你的大幸，千万别得福不知。家里有了年轻的保姆，处处更得小心谨慎，别闹误会。

你们俩描写凌霄的行动笑貌，好玩极了。你小时也很少哭，一哭即停，嘴唇抖动未已，已经抑制下来：大概凌霄就像你。你说的对：天真纯洁的儿童反映父母的成分总是优点居多；教育主要在于留神他以后的发展，只要他有我们的缺点露出苗头来，就该想法防止。他躺在你琴底下的情景，真像小克利斯朵夫，你以前曾以克利斯朵夫自居，如今又出了一个小克利斯朵夫了，可是他比你幸运，因为有着一个更开明更慈爱的父亲！（你信上说他 completely transferred, dreaming［完全转移了，像做梦似的人神]，应该说 transported［欣喜若狂］；"transferred［转移］"一词只用于物，不用于人。我提醒你，免得平日说话时犯错误。）三月中你将在琴上指挥，我们听了和你一样 excited［兴奋］。望事前多作思想准备，万勿紧张！

四月十三日

一百多天不接来信，在你不出远门长期巡回演出的期间，这是很少有的情况。不知今年各处音乐会的成绩如何？李斯特的奏鸣曲练出了没有？三月十八日自己指挥的效果满意不满意？一月底曾否特意去美和董氏合作？即使忙得定不下心来，单是报道一下具体事总不至于太费力吧？我们这多少年来和你争的主要是书信问题，我们并不苛求，能经常每隔两个月听到你的消息已经满足了。我总感觉为日无多，别说聚首，便是和你通讯的乐趣，尤其读你来信的快慰，也不知我还能享受多久。

两目白内障依然如故，据说一般进展很慢，也有到了某个阶段就停滞的，也有进展慢得觉察不到的：但愿我能有此幸运。不然的话，几年以后等白内障硬化时动手术，但开刀后的视力万万不能与以前相比，无论看远看近，都要限制在一个严格而极小的范围之内。此外，从一月起又并发慢性结膜炎，医生说经常昏花即由结膜炎分泌物沾染水晶体之故。此病又是牵丝得厉害，有拖到几年之久的。大家劝我养身养心，无奈思想总不能空白，不空白，神经就不能安静，身体也好不起来！一闲下来更是上下古今的乱想，甚至置身于地球以外：不是陀思妥耶夫斯基式的胡思乱想，而是在无垠的时间与空间中凭一些历史知识发生许多幻想，许多感慨。总而言之是知识分子好高骛远的通病，用现代语说就是犯了客观主义，没有阶级观点……其实这类幻想中间，也搀杂不少人类的原始苦闷，对生老病死以及生命的目的等等的感触与怀疑。我们从五四运动中成长起来的一辈，多少是怀疑主义者，正如文艺复兴时代和十八世纪法国大革命前的人一样，可是怀疑主义又是现社会的思想敌人，怪不得我无论怎样也改造不了多少。假定说中国的读书人自古以来就偏向于生死的慨叹，那又中了士大夫地主阶级的毒素（因为不劳而获才会有此空想的余暇）。说来说去自己的毛病全知道，而永远改不掉，难道真的是所谓"彻底检讨，坚决不改"吗？我想不是的。主要是我们的时间观念，或者说 time sense［时间观念］和 space sense［空间观念］比别人强，人生一世不过如白驹过隙的话，在我们的确是极真切的感觉，所以把生命看得格外渺小，把有知觉的几十年看作电光一闪似的快而不足道，一切非现实的幻想都是从此来的，你说是不是？明知浮生如寄的念头是违反时代的，无奈越老越是不期然而然的有此想法。当然这类言论我从来不在人前流露，便在阿敏小蓉之前也绝口不提，一则年轻人自有一番志气和热情，我不该加以打击或者泄他们的气；二则任何不合时代的思想绝对不能影响下一代。因为你在国外，而且气质上与我有不少相似之处，故随便谈及。你要没有这一类的思想根源，恐怕对 Schubert ［舒伯特］某些晚期的作品也不会有那么深的感受。

今年有什么灌唱片的计划？在巴黎可曾过到我当年认识的人——不论同胞或法国人？万一没有巴黎剪报可寄，至少得告诉我在那儿的节目！

别让我们等你的信再等下去了！孩子！一切保重！

凌霄想又学乖了许多，告诉我们一些小故事，好不好？

六六年四月十三日

近一个多月妈妈常梦见你，有时在指挥，有时在弹 concerto ［协奏曲］。也梦见弥拉和凌霄在我们家里。她每次醒来又喜欢又伤感。昨晚她说现在觉得睡眠是桩乐事，可以让自己化为两个人，过两种生活：每夜入睡前都有一个希望——不仅能与骨肉团聚，也能和一二十年隔绝的亲友会面。我也常梦见你，你琴上的音乐在梦中非常清楚。

附 录

朱梅馥致傅聪信函十封

你们的信我们至少从头到尾看上三遍，可以说每个字都要研究过，体会过，咂摸其中意味……想象你们的生活。

——一九六一年四月

一九五四年一月三十日晚

自昨天起我们开始等你的信了，算起日子来，也该有信来了。你真不知道为娘的牵肠挂肚，放怀不开。你走后，忙着为你搬运钢琴的事，今天中午已由旅行社车去，等车皮有空就可装运。接着阴历年底快要到了，我又忙着家务，整天都是些琐碎事儿，可是等到空下来，或是深夜，就老是想着你，同爸爸两人谈你，过去的，现在的，抱着快乐而带点惆怅的心情，忍不住要流下泪来，不能自已。你这次回来的一个半月，真是值得纪念的，因为是我一生中最愉快、最兴奋、最幸福的一个时期。看到你们父子之间的融洽，互相倾诉，毫无顾忌，以前我常常要为之担心的恐惧扫除一空，我只有抱着欢乐静听你们的谈论，我觉得多幸福、多安慰，由痛苦换来的欢乐才是永恒的。虽是我们将来在一起的时候不会多，但是凭了回忆，宝贵的回忆，我也会破涕而笑了。我们之间，除了"爱"之外，没有可说的了。我对你的希望和前途是乐观的，就是有这么一点母子之情割舍不得。只要常常写信来，只要看见你写着"亲爱的爸爸妈妈"，我已满足了。

一九五四年九月二十一日

我差不多无时无刻不在念着你！这次的信隔了二十天才收到。知道你病了几天，做妈妈的更心痛了，我不能照顾你，真有些难受。望你自己格外保重，为了我们，也要特别当心。只身在外，言语隔膜，相当孤寂，那是一定的，好在你有音乐陶醉，尤其还有那个艰难的任务，需要你努力，需要你完成。不过练琴也要有个节制、计算，第一不要妨碍你的健康为上。

想到自己的儿子，我也想到年老白发的母亲，最近阿敏搬三楼，我已把你外婆接来了，她老态龙钟，知觉迟钝，很是可怜。

烦闷时，可独自上街走走，看看古教堂、古建筑，或是到郊外散散步。多接近大自然，精神即会松动。

一九五五年三月六日

一天不接到你的信，我们一天不得安心。在比赛期间，我们也跟着紧张；比赛以后，太兴奋了，也是不定心。于是天天伸长头颈等你的信。我们预算月底月初一定会有你的信，可是到了今天已经是六日了，还是杳无音讯。我们满怀着愉快的心情写的前后八九封信，好像石沉大海，你竟只字不回。我们做了种种，以为比赛过后你太忙了，也许紧张了一个月，身体支持不住而病了。这到底是怎么回事呢？实在弄不明白。至少马思聪先生离开华沙的时候，你是好好的，因为他来信没有说你有什么病的情况。你是知道我们日夜关心你，尤其是爸爸，忍耐着。左等右等，等急了，只是叹气。这个不必要的给我们的磨难，真是太突兀了。爸爸说，工作对他是一种麻醉剂，可是一有空就会想到你。晚上翻来覆去的睡不着，也是想到你。因为弄不明白其中的原因而感到痛苦。孩子，你明明知道你是我们的安慰，为什么轻而易举的事，这样吝啬起来呢！我们之间是无话不谈的，你有什么意见，尽可来信商量，爸爸会深思熟虑的帮你解决问题，因为他可以冷静的客观的分析问题，对你有很大的帮助。不论在哪方面，尤其在人情上来讲。你比赛后，一定急急的要告诉我们前后的经过，这是天经地义没有问题的。怎么你会令人不解到如此地步呢！因为没有你的信，我们做什么事都没有情绪，真是说不出的忧虑！

一九五八年九月十八日

千望万望总算望到了你的信，虽然短短的，但已经给我们不少安慰了，事情也清楚了。我知道你现在正是最忙的时候，既要参加 festival［音乐节］，又要准备考试。但愿你顺利通过。我想提醒你几件要紧的事，千万不要当作耳边风，静静的想想。

（一）你不是有录音机么？乘在波之便，设法把波方替你录的全部录音录在你自己的机器上，将来带回来，至少自己人可以听听。你千万不可糊涂，一定要争取，你有了这样好的条件，不把录音带回国是可惜的。此事现在开始就要着手办了，等到临时想到，就来不及了，你得好好安排一下。（二）在波兰穿旧的衣袜等，不要随便扔了，回国后正需要旧衣旧鞋。（三）回国前千万不要买东西，国内各方面都在节约，大家以朴素为主。何况你东西多，反而累赘。（四）回国前若有余款，可留在使馆，或者根本送给使馆，不要看重个人利益，宁可节约些留给国家。以上四点，要你注意的，千万要做到。

一九六〇年一月十日夜

从来信可看到你立身处事，有原则，有信心，我们心头上的石头也放下了。但愿你不忘祖国对你的培养，首长们的爱护，坚持你的独立斗争，为了民族自尊心，在外更要出人头地的为国争光，不仅在艺术方面，并且在做人方面。我相信你不会随风使舵，也绝不会随便改变主张。你的成功，仍然是祖国的光荣。孩子，你给了我们痛苦，也给了我们欢乐。

最近两个月来，我们有兴致听听音乐了，仅有的几张你灌的唱片，想到你就开着听，好像你就在我们眼前弹奏一般。我常常凭回忆思念你，悲欢离合，有甜蜜，有辛酸，人生犹如梦境，一霎眼我们半世过去了。我们这几年来老了许多，爸爸头发花白，神经衰弱，精力已大大减弱，晚上已不能工作；我的眼光衰退，也常常会失眠，这一切都是老态的表现，无法避免了。

我最担心的是你的身体，看你照片，似乎瘦了，也老了些。我深知你的脾气，为了练琴可以废寝忘食，生活向无规律，在我们身边还可以控制你，照顾你。不知你现在的饮食如何解决的？只要经济上没问题，对你来说，营养是第一，因为你在精神身体方面的消耗太大，不能不注意。衣食寒暖，不能怕麻烦，千万勿逞年轻，任性随便，满不在乎，迟早要算账的。希望以后多多告诉我们生活细节，让我们好像在一起生活一样。

（……）

爸爸的书最近两年没有出新的 ①，巴尔扎克的《赛查·皮罗多盛衰记》尚未付印。另一本《搅水女人》新近译完。丹纳的《艺术哲学》年底才整理插图，整整忙了十天，找插图材料，计算尺寸大小，加插图说明等等，都是琐碎而费手脚的，因为工作时间太长，每天搞到十一二点，做的时候提起精神不觉得怎么累，等到告一段落，精神松下来，人就支持不住，病了三天，也算是彻底休息了三天。你知道爸爸的脾气，他只有病在床上才算真正的休息。

---

① 自 1958 年傅雷被错划为"右派"后，翻译的书全部停出。直至 1961 年秋，摘去"右派"帽子以后，出版社才恢复出版他的译本。

一九六〇年七月四日

孩子，你孤身海外，不论饮食寒暖，日常生活，都要你自己合理安排。自小到大，你一向看到爸爸生活严肃，有规律，有节制，照理多少对你有些影响。尤其理财一道，你向来糊涂，有多少用多少的办法，必须改变。目前逞着自己年富力强，满不在乎，但是一句老话，"天有不测风云，人有旦夕祸福"，必得留些余地，能积蓄一些总是好的。一方面你终有成家的一天，一方面你也要想到父母有年老力衰的时候。爸爸的眼神经衰退及三叉神经痛，吃了许多西药中药未见大效。每天工作时间只能缩短，否则要眼睛发花，出泪水，头痛。回想五六年前爸爸每日工作十一二小时不讨饶，不可同日而语了。

一九六〇年八月二十九日

今天接到你的喜讯，真是说不出的高兴，做母亲的愿望总算实现了。男大当婚，女大当嫁，这是天经地义的事，但愿你跟弥拉姻缘美满，我们为儿女担的心也算告一段落。她既美丽、聪明、温柔，对你是最合适了；我常常讲，聪找的对象一定要有这样的条件，因为我跟你爸爸的结合，能够和平相处，就是一个很显著的例子。只要真正认识对方，了解对方，就是受些委屈，也是不计较的。归根结底，到底自己也有错误的地方。希望你不要太苛求，看事情不要太认真，平易近人，总是给人一种体贴亲切之感。尤其对你终身的伴侣，不可三心二意，要始终如一。只要你们真正相爱，互相容忍，互相宽恕，难免的小波折很快会烟消云散。尤其你自己身上的缺点很多，你太像父亲了，只要有自知之明，你的爱人就会幸福。……爸爸已经说了许多，而且都是经验之谈，我们在人生的旅途上走了几十年，非但结合自己的经历，而且朋友之中多多少少悲欢离合的事也看得很多，所以尽量告诉你，目的就是希望你们永远幸福。

一九六〇年十二月二日

知道你们婚期确定以来，我们抱着激动兴奋的心情天天都在盘算日子。你们幸福，我们也跟着幸福。所谓骨肉之亲，所谓爱子情深，只有真爱子女的父母才能深切的体会其中的滋味。我们常常沉浸在回忆中，把你的一生重新温过一遍，想着你在襁褓中的痴肥胖，又淘气又可爱的童年，顽强而多事的少年，一直到半生不熟的去罗马尼亚，出发去参加肖邦的比赛为止：童年时所受的严格的家庭教育，少年时代的发奋用功，出国后的辛勤劳苦，今天的些少成绩，真像电影中一个个的镜头，历历在目，包括了多少辛酸和多少欢乐！如今你到了人生的高潮，也是一生中最幸福的阶段，开始成家立业了。我们做父母的怎不喜极而涕！

尤其做母亲的，想到儿子今后的饮食寒暖，身边琐事，有这样一个理想的弥拉来照顾应付，你也不再觉得孤独，我从此可以交卸责任，一切放心了。可爱的弥拉，虽然我们之间只能从通信中互相了解，可是已感到她性情淳厚，温柔体贴，绝非虚荣浮夸的女孩子。（她说过她的信永远代替不了你的，你看她多么懂得做父母的心！）这是你的福气，也显出你眼光不差。最后我还得叮咛几句：希望你们二人处理相亲相爱之外，永远能互相尊重事事商量，切勿独断专行。生活要严肃，有规律，有节制；经济方面要有计划预算，用钱要适当，总之，行事不可凭冲动，图一时之快，必须深思熟虑；你个人更不可使性。当然，人生永远在学习中，过失难免，只要接受教训，就是深入一步了。

我们觉得最遗憾的是没有尽父母之职，不能代你们做些事，美中不足的又不能参加你们的婚礼。日期如此匆促，使我措手不及，不知买什么送你们好。寄出包裹限制甚严，只能在极小的范围内选购。我接连跑了二天，把东西分作二包，总算很顺利的一次寄出了。一个包直寄你岳母处，内织锦缎二件：黑底大金花的送梅纽因夫人，绿色小花的给弥拉。一个包寄 Club①，内"和光绸"衣料一件，给弥拉做件中国旗袍（最好做夹的，要配个里子），做时可请教中国朋友设计，也不妨问问恩德。要是弥拉不喜欢旗袍，那么随便她做裙子也好，做单纯的 robe［罩袍］也

---

① 傅聪当时在伦敦的住所。

好。淡绿色圆形绣花靠枕一对，淡红色缎子靠枕一对，古绣衣袖一对（作小台布用，放在玻璃底下最美，必须避免灰尘），绒花一朵（不理想）。这一些中国产品的小礼物，算不了什么，只能补充你们布置新房的点缀。物少心意重，想你们一定会喜欢的。《敦煌壁画选》要过一个月再寄，因为海关认为一次已寄了二个包，数量太多，故只能当场原封带回。但愿我们早寄的（十一月十一日寄出）一些陈老莲水印画片，能于你们婚前收到，立刻配起框子，就可悬挂。中国人的家多少该有些中国风味，你们看对不对？

一九六一年四月二十日

接到你南非归途中的长信，我一边读一边激动得连心都跳起来了。爸爸没念完就说了几次 Wonderful！Wonderful！［好极了！好极了！］孩子，你不知给了我们多少安慰和快乐！从各方面看，你的立身处世都有原则性，可以说完全跟爸爸一模一样。对黑人的同情，恨殖民主义者欺凌弱小，对世界上一切丑恶的愤懑，原是一个充满热情、充满爱，有正义感的青年应有的反响。你的民族傲气，爱祖国爱事业的热忱，态度的严肃，也是你爸爸多少年来从头至尾感染你的；我想你自己也感觉到。孩子，看到你们父子气质如此相同，正直的行事如此一致，心中真是说不出的高兴。你们谈艺术、谈哲学、谈人生，上下古今无所不包，一言半语就互相默契，彻底了解；在父子两代中能够有这种情形，实在难得。我更回想到五六、五七两年你回家的时期，没有一天不谈到深更半夜，当时我就觉得你爸爸早已把你当作朋友看待了。

但你成长以后和我们相处的日子太少，还有一个方面你没有懂得爸爸。他有极 delicate［细致］极 complex［复杂］的一面，就是对钱的看法。你知道他一生清白，公私分明，严格到极点。他帮助人也有极强的原则性，凡是不正当的用途，便是知己的朋友也不肯通融（我亲眼见过这种例子）。凡是人家真有为难而且是正当用途，就是素不相识的也肯慨然相助。就是说，他对什么事都严肃看待，理智强得不得了。不像我是无原则的人道主义者，有求必应。你在金钱方面只承继了妈妈的缺点，一些也没学到爸爸的好处。爸爸从来不肯有求于人。这两年来营养之缺乏，非你所能想象，因此百病丛生，神经衰弱、视神经衰退、关节炎、三叉神经痛，各种慢性病接踵而来。他虽然一向体弱，可也不至于此伏彼起的受这么多的折磨。他自己常叹衰老得快，不中用了。我看着心里干着急。有几个知己朋友也为之担心，但是有什么办法呢？大家都一样。人家提议："为什么不上饭店去吃几顿呢？""为什么不叫儿子寄些食物来呢？"他却始终硬挺，既不愿出门，也不肯向你开口；始终抱着置生命于度外的态度（我不知道你有没有体会到爸爸这几年来的心情？他不愿，我也不愿与你提，怕影响你的情绪）。后来我实在看不下去，便在去年十一月二十六日的信末向你表示……你来信对此不提及。今年一月五日你从 Malta〔马耳他〕来信还是只字不提，于是我不得不在一月六日给你的信上明明白白告诉你："像我们这样的父母，向儿子开口要东西是出于不得已，这一点你应该理解到。爸爸说不是非寄不可，只要回报一声就行，免得人伸着脖子等。"二月九日我又写道："我看他思想和心理活动都很复杂，每次要你寄食物的单子，他都一再踌躇，仿佛向儿子开口要东西也顾虑重重，并且也怕增加你的负担。你若真有困难，应当来信说明，免得他心中七上八下。否则也该来信安慰安慰他。每次单子都是我从旁做主的。"的确，他自己也承认这一方面有复杂的心理（complex），有疙瘩存在，因为他觉得有求于人，即使在骨肉之间也有屈辱之感。你是非常敏感的人，但是对你爸爸妈妈这方面的领会还不够深切和细腻。我一再表示，你好像都没有感觉，从来没有正面安慰爸爸。

他不但为了自尊心有疙瘩，还老是担心增加你的支出，每次 order〔嘱寄〕食物，心里矛盾百出，屈辱感、自卑感，一股脑儿都会冒出来，甚至信也写不下去了。他有他的隐痛：一方面觉得你粗心大意，对我们的实际生活不够体贴，同时也原谅你事情忙，对我们实际生活不加推敲，而且他也说艺术家在这方面总是不注意的，太懂实际生活，艺术也不会高明。从这几句话你可想象出他一会儿烦恼一会儿譬解的心理与情绪的波动。此外他再三劝你跟弥拉每月要 save money〔节省金钱〕，要做预算，要有计划，而自己却要你寄这寄那，多花你们的钱，他认为自相矛盾。

尤其你现在成了家，开支浩大，不像单身的时候没有顾忌。弥拉固然体贴可爱，毫无隔膜，但是我们做公公婆婆的在媳妇面前总觉脸上不光彩。中国旧社会对儿女有特别的看法，说什么养子防老等等；甚至有些父母还嫌儿子媳妇不孝顺，这样不称心，那样不满意，以致引起家庭纠纷。我们从来不曾有过老派人依靠儿女的念头，所以对你的教育也从来没有接触到这个方面。正是相反，我们是走的另一极端：只知道抚育儿女，教育儿女，尽量满足儿女的希望是我们的责任和快慰，从来不想到要儿女报答。谁料到一朝竟会真的需要儿子依靠儿子呢？因为与一生的原则抵触，所以对你有所要求时总要感到委屈，心里大大不舒服，烦恼得无法解脱。

　　…………

　　真想不到我们有福气，会有弥拉这样温柔可爱的媳妇，常常写那么亲切真诚的信来，使我们在寂寞的生活中添加不少光彩、温暖、兴奋与激动。我们看着你们的信，好像面对面谈话一样亲热。你们的信我们至少要从头至尾看上三遍，可以说每个字都要研究过，体会过，咀摸其中意味，互相讨论，还要举一反三，从中看出其他的细节，想象你们的生活，伦敦的情形以及一切西方世界的动静。我希望你们尽管忙，也要学学我们的榜样。聪，你倘能特别注意，字里行间自会理解许多东西，并不限于道德教训和嘱咐。我的笔很笨拙，说了一大堆，还是不能全部表达我心里的意思，多多少少的词不达意，只有你多加功夫，深深体会了。

一九六二年一月二十二日

　　亲爱的聪、弥拉：收到你们长信的时候，正要吃中饭，我们两人高兴得一面看，一面吃，根本食物不知味，草草了事。你们告诉我们许多新鲜事儿，心里的快活，不知如何表达，你们的信实在太动人了，尤其那些老朋友的情景，回想当年，能不慨然！希望你们澳洲巡回演出完了，再报告我们好消息，把所见所闻写得越仔细越丰富越好，你们知道妈妈总是贪心不足，常嫌聪写得粗枝大叶呢！

　　每次爸爸写信，我还得抄录下来留底，你们的信也要抄下来或打字打下来，以备关心你们的亲友来看。你们看，我不是更忙么，但是我并不抱怨，因为是我乐意做的。

　　我想你们一定碰到过梁伯伯及林瑾阿姨了，我早已去信通知他们，他们就住在悉尼。我真羡慕那些朋友，他们可以听你的音乐会，到后台去见你；可是我们呢，远隔重洋，哪一天会见面啊！

　　阿敏二十六日到家了，我得去车站接他，他常问"哥哥他们有信么？"这次能看到你们的长信，真不知如何兴奋呢！他今年暑假毕业，分配工作大概回原校当助教，不久，就要为人师了，可怜他根底浅，各方面常识欠缺，等到做事，就感到贫乏，大大的不够了，还得继续下功夫。他资质差，就是经爸爸点拨，接受的能力有限，也就不够深入。前两个月他曾翻了两篇短文章寄来，爸爸替他仔细校阅，纠正错误，还逐条加以说明，白天没工夫，晚上加班加点。爸爸说，他非尽力帮助不可；为了儿子，做父亲的任何代价都不惜的。你是深知爸爸的那股劲儿，我常常为之感动得流泪。爸爸常说："阿敏我教得太少，心里不免内疚，现在得迎头赶上，可惜见面时间短，帮助也就不透了。"只要他自己努力，我相信他也不会辜负我们的。这次回家，我又要像"填鸭"一样给他吃了。

等你们回伦敦后，我们有一批照片给你们，你们一定高兴，看看爸妈老得还可爱么？告诉弥拉，我从心底里喜欢她，虽然我不能写英文，但我会看英文，所以我与她不会隔膜！匆匆忙忙涂几句算了，祝你们快乐！

一九六四年四月十二日

自接喜讯以来，我快乐的心情无法抑制，老在计算生产的日期，弥拉说医生估计在八月里的上两星期，那时正是天气很热的阶段，想来伦敦医院设备好，不用担心，必有冷气，那产妇就不怎么辛苦了。最近一个月来，陆陆续续打了几件毛线衣，另外买了一件小斗篷、小被头，作为做祖母的一番心意，不日就要去寄了，怕你们都不在，还是由你岳父转的。我也不知对你们合适否？衣服尺寸都是望空做的，好在穿绒线衣时要九十月才用得着，将来需要，不妨来信告知，我可以经常代你们打。孩子的名字，我们俩常在商量，因为今年是龙年，就根据龙的特性来想，前两星期去新城隍庙看看花草，有一种叫凌霄的花，据周朝桢先生说，此花开在初夏，色带火黄，非常艳丽，我们就买了一棵回来，后来我灵机一动，"凌霄"作为男孩子的名字不是很好么？声音也好听，意义有高翔的意思；传说龙在云中，那么女孩子叫"凌云"再贴切没有了，我们就这么决定了。再有我们姓傅的，三代都是单名（你祖父叫傅鹏，父雷，你聪），来一个双名也挺有意思。你觉得怎样？

一九六五年六月十四日

亲爱的聪、弥拉：五月四日到现在，我的心情始终激动得无法平静。这期间好姆妈与我们之间不知来往了多少信，她为了要我们快乐，知道我们热切期待着你的消息，情愿牺牲了睡眠的时间，把你两次逗留香港的行动，不厌其烦的把生活细节都告诉我们（譬如说：六月四日下午我们通话，原来你满身肥皂，在浴缸里跟我们讲话，怪不得你说："明天再谈了，我要穿衣服。"我们满以为你要穿礼服过海，准备上台！我们为之大笑。还有你两口三口的吃掉一只粽子，很有滋味的样子），满足了做父母的贪得无厌的欲望，使我们真的感觉到和你生活在一起。这是多么伟大的深厚的友情！我们衷心感激，永远不会忘记的。我们一生中所能交往的朋友，没有一个不是忠诚老实，处处帮助我们的，总算下来，我们受之于人的大大超过了我们给人的，虽然难免内疚，毕竟也引以自傲。你在各地奔波，只要一碰到我们的知己好友，非但热诚的招待你，还百般的爱护你，好姆妈就是最显著的一个，她来信说，她"对你的热爱是无法形容的"，她爱你的造诣，更爱你的品德。这次在港演出，都是她的关系，给你介绍沈：一个品质高尚难能可贵的知友。为你样样安排得谨密周详，无微不至，代替了我们应做的事，而且比我们做得更好。你真要当她母亲一般看待，这种至情至意，在世态炎凉的社会中，哪里找得到呢！好好爹爹也有信来，她与往年一样充满了热情，因为你说还常记得她，使她更喜欢得如醉若狂，都在字里行间奔放出来，怎不令人兴奋！我一面流泪一面看他们的信，是欢乐、是辛酸，我无法抑制我的感情。

弥拉最近又寄来了好几张凌霄的照片，孩子一天一天都在变，他的表情也越来越丰富，他的面相有时很像你，有时不十分像，似乎舅家的气息多起来了，眼睛像弥拉的成分多，你看对不对？

给凌霄过周岁的衣包，大概一星期内可寄出，收到后千万告诉我尺寸合适否？也许大了些，那么慢慢或明年穿，或者需要哪一类式样的，叫弥拉老老实实告诉我，不必客气，要说的话爸爸都已详细谈了，我也不啰嗦了，望你们保重身体！